Generis
PUBLISHING

Conflit Foncier au Cameroun

Abdoulay Mfewou
Umaru Hassan Buba

Title: **Conflit Foncier au Cameroun**

ISBN: 979-8-89248-676-7

Author: Abdoulay Mfewou, Umaru Hassan Buba

Cover image: https://pixabay.com/

Publisher: Generis Publishing
Online orders: www.generis-publishing.com
Contact email: info@generis-publishing.com

Dédicace

Nous dédions ce livre à la grande famille Nji Monkouop dans le Noun en reconnaissance de son amour au quotidien.

Table des matières

La dynamique de pauvreté, la course à la rente foncière, le détournement foncier ou mal gouvernance foncière, cela engendre des conflits qui peuvent déstabiliser toute une communauté. Les typologies de conflits fonciers sont donc profondément enracinées dans les structures sociales et les valeurs collectives. La gestion de ces conflits ne peut se faire sans une compréhension approfondie des dynamiques locales, des perceptions des communautés, des enjeux historiques et le respect des lois. Abdoulay Mfewou

Résumé

Au Cameroun, la population a atteint 30 millions d'habitants. Le pays enregistre 85 % des affaires judiciaires liées au foncier. Les conflits fonciers constituent un enjeu majeur pour la stabilité socio-économique du pays, en raison de leur complexité et de leur impact sur la vie des communautés locales. Ces conflits surgissent dans divers contextes, qu'il s'agisse de zones urbaines ou rurales impliquant une multitude d'acteurs aux intérêts souvent divergents. Ils s'inscrivent également dans un cadre historique et évolutif. La question foncière au Cameroun est façonnée par une longue histoire de gestion et de répartition des terres. Traditionnellement, la propriété foncière était régie par des systèmes coutumiers, qui variaient d'une communauté à l'autre et d'une région à l'autre. Aujourd'hui, différentes ethnies constituent la population, notamment les Fangs-Bétis (19,6 %), les Bamiléké-Bamoun (18,5 %), les Douala-Louembous-Bassas (14,7 %), les Peuls (9,6 %), les Tikars (7,4 %), les Mandaras (5,7 %), les Makas (4,9 %), les Chambas (2,4 %), les Mboum (1,3%) et les Haoussa (1,2 %). Cependant, l'arrivée de la colonisation et l'implantation de systèmes juridiques occidentaux ont profondément transformé le paysage foncier. Les réformes post-indépendance ont tenté de moderniser la gestion foncière, mais des défis persistants demeurent, notamment en ce qui concerne la cohabitation des droits coutumiers et modernes. Dans la dynamique ces conflits sont alimentés par plusieurs facteurs: détournement foncier et urbanisation: L'expansion rapide des villes et l'augmentation de la population (3,5%), qui créent une pression accrue sur les ressources foncières. L'urbanisation qui entraîne des conflits entre résidents traditionnels et nouveaux arrivants, ainsi que des litiges sur les titres de propriété. La spéculation foncière, exacerbée par la montée des investissements immobiliers qui provoque des tensions entre les promoteurs et les propriétaires locaux. Les pratiques de spéculation augmentent les prix des terres, rendant difficile l'accès pour les communautés locales. La coexistence de systèmes de propriété foncière coutumiers et formels crée des ambiguïtés et des conflits. L'accaparement des terres par des classes aisées. Il ressort que la société américaine Herakles Farm et sa filiale camerounaise veulent transformer plus de 70000 hectares de terres et forêts en plantation de palmiers à huile. Les conflits peuvent aussi se traduire par des litiges juridiques, des tensions communautaires. Les impacts de ces conflits ont des répercussions profondes sur divers aspects de la société camerounaise. Le conflit foncier le plus reçurent entre Massa et Mousgoum dégénère en affrontements meurtriers. Ces conflits entraînent des déplacements forcés, des tensions communautaires et des conflits sociaux. Ils affectent particulièrement les populations vulnérables, telles que les communautés rurales et les personnes à faibles revenus. Le Dikologate, le scandale qui fait trembler Douala. Un promoteur ambitieux qui a bénéficié du soutien de l'État, une querelle foncière et des soupçons de corruption...Depuis la mi-mai, des habitants dont les maisons ont été rasées se montrent déterminés à obtenir réparation. Les conflits ralentissent l'économique en limitant les investissements et en créant des incertitudes pour les projets. Il ressort qu'un différend foncier de 660millions d'euros menace la création de 6000 emplois potentiels, selon KOACI. Dans le quartier prisé de Bastos à Yaoundé, une affaire foncière complexe remet en question la gestion des terres au Cameroun et pourrait avoir des répercussions économiques significatives pour le pays. À Ngaoundéré, une immatriculation frauduleuse de près de 40 hectares, orchestrée par le défunt maire de la commune, illustre les dysfonctionnements du système foncier. Le ministre du Cadastre et des Affaires foncières (MINDCAF) a annulé 127 titres fonciers octroyés à des particuliers sur le site du projet d'exploitation du gisement de fer de Lobé, dans la zone de l'Océan. Face à ces défis, les réformes juridiques doivent être révisée et harmonisée les lois foncières, en intégrant les droits coutumiers ainsi que les exigences modernes, afin de renforcer la cohésion sociale et la stabilité économique du pays.

Abstract

In Cameroon, the population has reached 30 million inhabitants. The country records 85% of legal cases related to land issues. Land conflicts are a major challenge for the socio-economic stability of the country due to their complexity and impact on the lives of local communities. These conflicts arise in various contexts, whether in urban or rural areas, involving a multitude of actors with often divergent interests. They also occur within a historical and evolving framework. The land issue in Cameroon is shaped by a long history of land management and distribution. Traditionally, land ownership was governed by customary systems, which varied from one community to another and from one region to another. Today, various ethnic groups make up the population, including the Fangs-Betis (19.6%), the Bamiléké-Bamoun (18.5%), the Douala-Louembous-Bassas (14.7%), the Peuls (9.6%), the Tikars (7.4%), the Mandaras (5.7%), the Makas (4.9%), the Chambas (2.4%), the Mboum (1.3%), and the Haoussa (1.2%). However, the arrival of colonization and the establishment of Western legal systems have profoundly transformed the land landscape. Post-independence reforms attempted to modernize land management, but persistent challenges remain, particularly regarding the coexistence of customary and modern rights. In this dynamic, conflicts are fueled by several factors: land grabbing and urbanization. The rapid expansion of cities and the population increase (3.5%) create increased pressure on land resources. Urbanization leads to conflicts between traditional residents and newcomers, as well as disputes over property titles. Land speculation, exacerbated by rising real estate investments, causes tensions between developers and local owners. Speculative practices drive up land prices, making access difficult for local communities. The coexistence of customary and formal land ownership systems creates ambiguities and conflicts. The land grabbing by wealthy classes is evident, as the American company Herakles Farm and its Cameroonian subsidiary seek to transform over 70,000 hectares of land and forests into oil palm plantations. Conflicts can also lead to legal disputes and community tensions. The impacts of these conflicts have profound repercussions on various aspects of Cameroonian society. The most frequent land conflict between Massa and Mousgoum has escalated into deadly clashes. These conflicts lead to forced displacements, community tensions, and social conflicts, particularly affecting vulnerable populations such as rural communities and low-income individuals. The Dikologate scandal is shaking Douala, involving an ambitious developer who received state support, a land dispute, and suspicions of corruption. Since mid-May, residents whose homes have been demolished are determined to seek redress. Conflicts slow down the economy by limiting investments and creating uncertainties for projects. A land dispute of 660 million euros threatens the creation of 6,000 potential jobs, according to KOACI. In the prestigious Bastos neighborhood in Yaoundé, a complex land case questions land management in Cameroon and could have significant economic repercussions for the country. In Ngaoundéré, fraudulent registration of nearly 40 hectares, orchestrated by the late mayor of the commune, illustrates the dysfunctions in the land system. The Minister of Cadastre and Land Affairs (MINDCAF) has canceled 127 land titles granted to individuals on the site of the Lobé iron ore project in the Ocean region. In response to these challenges, legal reforms need to be revised and harmonized to integrate both customary rights and modern requirements, in order to strengthen social cohesion and economic stability in the country.

Introduction Générale

Au Cameroun, 85% des affaires judiciaires concernent le foncier (Mfewou A.. 2022). Les conflits fonciers au Cameroun sont une question complexe qui découle de la diversité des régimes fonciers, de la pression démographique croissante des 30 135 732 habitants et des défis associés à la gestion des terres. Le Cameroun, pays riche en diversité culturelle et géographique, est confronté à des défis croissants en matière de gestion foncière, exacerbés par une urbanisation rapide, une croissance démographique soutenue et des pratiques coutumières parfois conflictuelles (Mfewou A., 2013).

Les conflits fonciers, qui surviennent lorsqu'il y a des divergences sur les droits de propriété, l'utilisation et l'occupation des terres, sont devenus une question centrale dans plusieurs régions du pays, affectant le développement socio-économique et la cohésion sociale. Dans ce pays, le système foncier est marqué par une coexistence complexe de régimes légaux et coutumiers (Bouopda, 2015 ; Egbe 2001). D'une part, le Code Foncier et Domanial, promulgué en 1974, établit un cadre juridique pour la gestion des terres, tandis que d'autre part, les droits coutumiers, qui varient d'une région à l'autre, continuent de régir une partie importante du territoire. Cette dualité crée des frictions, en particulier dans les zones rurales et urbaines en pleine expansion, où les droits fonciers coutumiers entrent souvent en conflit avec les normes juridiques modernes.

Ces conflits fonciers se manifestent également sous diverses formes, notamment des conflits de succession, des expropriations pour des projets de développement, des ventes frauduleuses de terres et des tensions entre différents groupes communautaires et ethniques. Dans les grandes villes comme Douala, Yaoundé et Buea, l'urbanisation rapide génère des tensions entre les promoteurs immobiliers et les résidents locaux. Dans les zones rurales, les conflits entre agriculteurs et éleveurs ou les litiges sur les terres héritées sont fréquents. Les acteurs impliqués dans ces conflits sont variés : familles locales, autorités coutumières, promoteurs immobiliers, autorités municipales, et parfois investisseurs étrangers. Chacun de ces acteurs peut avoir des intérêts divergents et parfois opposés, ce qui rend la résolution des conflits complexe et souvent longue.

Une gestion efficace des conflits fonciers est essentielle pour assurer un développement durable et harmonieux au Cameroun. Cela nécessite une approche intégrée qui concilie les droits coutumiers avec les réglementations modernes, assure une plus grande transparence dans les transactions foncières et met en place des mécanismes de résolution des conflits accessibles et équitables. En relevant ces défis, le Cameroun pourra non seulement améliorer sa gestion foncière, mais aussi favoriser un climat de paix et de sécurité propice au développement socio-économique du pays.

Les conflits fonciers au Cameroun sont des phénomènes complexes qui affectent divers aspects de la vie sociale, économique et politique du pays. Ils se manifestent par des tensions et des différends sur la propriété et l'utilisation des terres, et ont un impact profond sur les communautés locales et les mécanismes de développement. Le problème central des conflits fonciers réside dans la diversité de leurs sources, qui incluent : Les ambiguïtés juridiques : la coexistence de systèmes traditionnels et modernes de gestion des terres entraîne un chevauchement des droits et des incertitudes en matière de propriété. Les lacunes de la législation et les conflits entre titres coutumiers et formels exacerbent les tensions.

Pression démographique et urbanisation : L'expansion urbaine rapide et la croissance de la population exercent une forte pression sur les ressources foncières. Cette pression entraîne des conflits entre les résidents traditionnels et les nouveaux arrivants, ainsi que des problèmes d'accès et de sécurité des droits fonciers. L'augmentation des investissements immobiliers et de la spéculation foncière modifie la dynamique du marché et déclenche des litiges sur les titres de propriété.

La spéculation, souvent non réglementée, crée des tensions entre les investisseurs et les communautés locales. Les conséquences des conflits fonciers sont nombreuses et variées : Injustice sociale et déplacements : Les conflits peuvent entraîner des déplacements forcés de population, des violations des droits fonciers des communautés locales et un accès inégal aux ressources. Les populations les plus vulnérables sont souvent les plus touchées. Les conflits fonciers entravent les investissements et le développement économique en créant de l'incertitude et des risques pour les projets immobiliers et les activités économiques. Cela limite les possibilités de croissance et exacerbe les inégalités économiques. Les conflits peuvent conduire à une exploitation non durable des ressources naturelles, comme la déforestation et la dégradation des sols, ce qui a un impact négatif sur l'environnement et les écosystèmes locaux.

La gestion des conflits fonciers présente plusieurs défis majeurs : Institutions insuffisantes : Les institutions responsables de la gestion foncière manquent parfois de ressources et de capacités pour traiter efficacement les conflits (Mfewou, A., 2018). Les procédures juridiques sont souvent longues et coûteuses, ce qui limite l'accès à la justice pour les parties en conflit. Manque de coordination : La fragmentation des approches et des politiques entre les différents acteurs tels que les autorités locales, les institutions centrales, les communautés traditionnelles et les investisseurs privés crée un manque de cohérence dans la gestion des conflits fonciers. Complexité des réformes : Les réformes nécessaires à la résolution des conflits fonciers sont complexes et requièrent l'harmonisation de la législation coutumière et moderne, ainsi qu'une meilleure application des droits fonciers.

Pour aborder la question des conflits fonciers au Cameroun, nous nous sommes posé les questions suivantes : Quels sont les principaux facteurs qui déclenchent et exacerbent les conflits fonciers au Cameroun ? Comment les systèmes traditionnels et modernes de gestion des terres interagissent-ils et contribuent-ils aux conflits fonciers ? Quelles sont les répercussions sociales, économiques et environnementales des conflits fonciers sur les communautés locales ? Quels sont les mécanismes de résolution des conflits actuellement en place, et quelles sont leurs forces et leurs faiblesses ? Quelles réformes juridiques et politiques pourraient améliorer la gestion et la régulation des litiges fonciers au Cameroun ?

L'objectif de cet ouvrage est de fournir une compréhension approfondie des conflits fonciers au Cameroun et de contribuer à la formulation de politiques et de pratiques qui favorisent la stabilité sociale, le développement durable et la justice foncière. Nous avons développé plusieurs hypothèses. Hypothèse 1 : La coexistence de systèmes traditionnels et modernes de gestion foncière est une source majeure de conflits fonciers au Cameroun, en raison du chevauchement des droits et des ambiguïtés dans la reconnaissance des titres. Hypothèse 2 : La croissance démographique rapide et l'urbanisation accélérée augmentent la pression sur les ressources foncières et exacerbent les conflits entre les résidents traditionnels et les nouveaux arrivants. Hypothèse 3 : La spéculation et les investissements immobiliers génèrent des tensions et des conflits fonciers en modifiant la dynamique du marché et en augmentant les prix des terres, ce qui rend l'accès à la terre plus difficile pour les communautés locales. Hypothèse 4 : Les lacunes et les incohérences de la législation foncière et des procédures d'attribution des terres contribuent à l'augmentation des litiges fonciers, en créant de l'incertitude et en limitant l'accès à des recours juridiques efficaces.

Hypothèse 5 : Les litiges fonciers ont des répercussions importantes sur les communautés locales, notamment des déplacements forcés, des injustices sociales et des perturbations économiques, qui exacerbent les inégalités et les tensions communautaires. Hypothèse 6 : Les mécanismes actuels de résolution des litiges fonciers, tels que les procédures judiciaires et les initiatives de médiation, sont insuffisantes pour traiter efficacement les litiges et nécessitent une réforme pour améliorer leur efficacité et leur équité. Hypothèse 7 : La sensibilisation et l'éducation des populations locales aux droits fonciers et aux procédures légales peuvent réduire les conflits fonciers en améliorant la compréhension et la gestion des droits de propriété. Hypothèse 8 : La coopération et le dialogue entre les différents acteurs impliqués dans la gestion foncière (autorités locales, communautés, investisseurs, etc.) sont essentiels pour résoudre les conflits fonciers et promouvoir une gestion foncière durable et équitable. Ces hypothèses nous ont guidés dans la collecte et l'analyse des données, qui ont permis d'explorer les causes des conflits fonciers, leurs impacts et les solutions potentielles pour une gestion foncière plus efficace au Cameroun.

Notre méthodologie de recherche sur les conflits fonciers au Cameroun est rigoureuse et adaptée aux différents aspects des conflits fonciers. Cette méthodologie nous a permis d'acquérir une compréhension approfondie des conflits fonciers au Cameroun, d'identifier les principaux défis et de proposer des solutions pratiques adaptées aux contextes locaux.

Chapitre

Gestion foncière au Cameroun

1. Histoire de Développement de la gestion foncière au Cameroun

Dans la période précoloniale, avant l'arrivée des colonisateurs européens, la gestion des terres au Cameroun était principalement basée sur des systèmes coutumiers qui variaient selon les groupes ethniques (Mbarga, P. 2017 ; Nyamnjoh et al., 2005). La terre était généralement considérée comme une ressource commune appartenant à la communauté, avec des droits d'utilisation accordés aux individus ou aux familles. Les mécanismes traditionnels de gestion des terres comprenaient des pratiques de rotation des cultures, des systèmes de partage de l'eau et des règles spécifiques régissant l'utilisation des terres agricoles et pastorales. Les chefs de village ou les autorités traditionnelles jouaient un rôle central dans la régulation des conflits fonciers et la gestion des ressources.

Mont Cameroun

1.1. Période coloniale (1884-1960)

L'arrivée des puissances coloniales allemande, puis française et britannique marque une rupture importante dans la gestion des terres au Cameroun. Sous la domination allemande (1884-1916) : Les Allemands introduisent le concept de propriété foncière individuelle, souvent en contradiction avec les pratiques coutumières locales (Tientcheu,

S. A. 2012). Les terres ont été classés comme terres d'État ou terres privées, et les droits coutumiers ont souvent été ignorés ou réduits.

Sous la domination française et britannique (1916-1960) : Après la Première Guerre mondiale, le Cameroun a été divisé en deux zones de mandat, la partie française et la partie britannique. Les autorités coloniales continuent d'appliquer des politiques foncières qui favorisent les grands propriétaires terriens et les exploitations commerciales. Les terres ont souvent été expropriées pour des plantations ou des infrastructures, et les droits des populations locales ont été largement ignorés. Les régimes coloniaux ont également introduit des systèmes de concession et d'affermage, qui ont perturbé les structures traditionnelles de gestion des terres.

1.2. Indépendance et période post-coloniale (1960-1980)

Lors de son indépendance en 1960, le Cameroun a hérité d'un système foncier hybride combinant le droit coutumier et le droit moderne. L'État a progressivement introduit des réformes pour formaliser et réglementer la propriété foncière, en ignorant souvent les pratiques coutumières établies. Réformes foncières : Les premières années qui ont suivi l'indépendance ont été marquées par des tentatives de modernisation de la gestion foncière, avec la promulgation de lois visant à formaliser la propriété foncière. Cependant, ces réformes ont souvent été mal adaptées aux réalités locales et ont parfois renforcé les inégalités en matière de propriété (Fonjong, 2012 ; Alden, 2011).

Politique de nationalisation : Au début des années 1970, le gouvernement a lancé une politique de nationalisation des terres agricoles et des ressources naturelles, dans le cadre d'une stratégie de développement économique centralisé. Cette politique visait à renforcer le contrôle de l'État sur les ressources naturelles, mais elle a également entraîné des expropriations et des tensions avec les communautés locales.

Politique de nationalisation : Au début des années 1970, le gouvernement a lancé une politique de nationalisation des terres agricoles et des ressources naturelles, dans le cadre d'une stratégie de développement économique centralisé. Cette politique visait à renforcer le contrôle de l'État sur les ressources naturelles, mais elle a également entraîné des expropriations et des tensions avec les communautés locales.

1.3. Réformes récentes et défis contemporains (1980-présent)

Depuis les années 1980, le Cameroun a entrepris diverses réformes visant à améliorer la gestion foncière et à résoudre les conflits liés à la propriété. Réformes législatives : Le pays a adopté de nouvelles lois foncières, comme la loi n° 2005/005 du 16 avril 2005 sur le domaine national, qui vise à clarifier les droits de propriété et à établir un cadre pour la gestion des terres. Ces réformes ont introduit des mécanismes de reconnaissance des droits coutumiers et de formalisation de la propriété foncière, mais leur mise en œuvre reste un défi en raison de la corruption, du manque de capacité administrative et de la lenteur des procédures (Tchekote, 2013 ; Nyamnjoh et al., 2005).

Problèmes persistants : Malgré les réformes, des problèmes structurels persistent, tels que la mauvaise gouvernance, la corruption et les conflits entre les droits coutumiers et légaux. Les conflits fonciers continuent d'affecter de nombreuses communautés, en particulier dans les zones rurales et forestières, où les droits traditionnels sont souvent en conflit avec les intérêts des investisseurs et des élites locales (Tientcheu, 2012 ; Nguiffo et al., 2008).

En résumé, l'histoire de la gestion foncière au Cameroun reflète un parcours marqué par des tensions entre tradition et modernité, et une difficulté persistante à mettre en place un système foncier équitable et durable. Les défis d'aujourd'hui sont étroitement liés à ce passé complexe et nécessitent une attention permanente pour trouver des solutions justes et efficaces.

1.4. Présentation des problèmes spécifiques de valorisation des terres

La mise en valeur des terres est un processus crucial pour maximiser leur potentiel économique, social et environnemental. Cependant, un certain nombre de problèmes spécifiques peuvent entraver ce processus, en particulier dans des contextes tels que le Cameroun où les questions foncières sont complexes. Voici une présentation des principaux problèmes rencontrés :

1.5. Absence de reconnaissance des droits coutumiers

Conflits entre droits traditionnels et droits légaux : Dans de nombreux cas, les droits de propriété coutumiers, qui sont souvent profondément ancrés dans les pratiques locales, ne sont pas reconnus ou sont mal intégrés dans le système juridique moderne. Ce manque de reconnaissance peut entraîner des conflits et une sous-évaluation des terres appartenant aux communautés locales.

Insécurité juridique : L'absence de formalisation des droits coutumiers crée une insécurité juridique qui empêche les propriétaires fonciers d'utiliser leur propriété comme garantie pour des prêts ou d'investir dans des améliorations foncières.

1.6. Problèmes d'enregistrement et de titrisation des terres

Absence de cadastre fiable : L'absence de systèmes de cadastre précis et à jour empêche une identification claire de la propriété foncière et des limites des parcelles. Cela crée des ambiguïtés qui peuvent conduire à des litiges fonciers et à une sous-utilisation. Processus d'enregistrement complexe et coûteux : Les procédures d'enregistrement des terres peuvent être longues, compliquées et coûteuses, ce qui décourage les propriétaires de formaliser leurs droits fonciers. Cela limite l'utilisation efficace des terres.

2. Expropriation et appropriation illégale des terres

Expropriation sans compensation adéquate : Dans certains cas, des terres sont expropriées pour des projets d'infrastructure ou d'investissement sans que les propriétaires reçoivent une compensation juste ou adéquate. Cela entraîne non seulement des pertes économiques pour les communautés locales, mais aussi des tensions sociales. Appropriation illégale par les élites : Les élites locales ou les investisseurs puissants peuvent s'approprier des terres de manière illégale ou injuste, souvent en utilisant des moyens corrompus ou des failles dans le système juridique. Cela conduit à une concentration de la propriété foncière et à une sous-évaluation des terres pour les populations locales.

2.1. Problèmes d'infrastructure et d'accès aux marchés

Infrastructures inadéquates : Le manque d'infrastructures de transport, de stockage et de commercialisation limite la capacité des producteurs à ajouter de la valeur à leurs terres en accédant aux marchés. L'insuffisance des infrastructures entrave la productivité et l'accès aux opportunités économiques. Isolement des zones rurales : Les régions éloignées ou isolées peuvent souffrir d'un manque d'accès aux services essentiels, ce qui réduit leur capacité à exploiter et à valoriser leurs terres.

3. Impact des politiques et régulations inadéquates

Politiques foncières inadaptées : Les politiques foncières peuvent ne pas refléter les réalités locales ou les besoins des communautés, ce qui entraîne des problèmes d'application et d'efficacité. Par exemple, les politiques qui favorisent la concentration des terres entre les mains de grands investisseurs au détriment des petits exploitants peuvent exacerber les inégalités. Réglementation insuffisante de l'exploitation des ressources : L'absence de réglementation stricte régissant l'exploitation des ressources naturelles (telles que les forêts et les mines) peut conduire à une surexploitation des terres, réduisant ainsi leur potentiel de développement durable.

3.1. Dégradations environnementales

L'érosion et la dégradation des sols : Les pratiques agricoles non durables, la déforestation et la surexploitation des terres peuvent entraîner une dégradation de l'environnement qui réduit la productivité des terres et leur valeur à long terme. Perte de biodiversité : La déforestation et la destruction des écosystèmes peuvent entraîner une perte de biodiversité, affectant les services écosystémiques essentiels et réduisant la valeur des terres pour les activités agricoles et écotouristiques.

3.2. Manque de sensibilisation et de formation

Faible niveau de sensibilisation : Les propriétaires fonciers, en particulier dans les zones rurales, peuvent manquer de connaissances sur les mécanismes d'évaluation des terres et les opportunités économiques. Ce manque de connaissance limite leur capacité à maximiser le potentiel de leurs terres. Formation inadéquate : Les programmes de formation et de soutien aux producteurs pour améliorer les techniques agricoles, gérer les ressources naturelles et accéder aux marchés sont souvent insuffisants, ce qui entrave l'évaluation des terres. Ces problèmes spécifiques d'évaluation foncière nécessitent des approches intégrées et des solutions ciblées pour améliorer la gestion des terres, renforcer les droits des propriétaires fonciers et promouvoir une utilisation durable et équitable des ressources foncières.

Chapitre

Tension foncière au Cameroun

1. Conflit foncier en milieu rural-urbain au Cameroun

L'urbanisation rapide au Cameroun a transformé le paysage socio-économique et spatial des villes, créant des défis significatifs pour la gestion des terres. Les conflits fonciers urbains sont devenus un problème majeur, révélant les tensions entre la dynamique du développement économique, les besoins croissants en infrastructures et les droits de propriété des citoyens. Alors que des villes comme Douala, Yaoundé, Buea et d'autres centres urbains connaissent une expansion rapide, les tensions liées à la propriété et à l'utilisation des terres se multiplient, affectant la cohésion sociale et le développement urbain durable. L'urbanisation au Cameroun est marquée par une pression démographique intense, des migrations internes et des investissements dans des projets d'infrastructure. Cette dynamique crée un besoin croissant de terres pour le logement, les infrastructures publiques et les activités économiques.

Savane du Nord-Cameroun

Cependant, la gestion de ces terres est souvent compliquée par la coexistence de régimes fonciers modernes et coutumiers, ainsi que par des pratiques d'attribution et de transaction foncières parfois peu transparentes. Les conflits fonciers urbains se manifestent de différentes manières : litiges sur les droits de propriété, expropriations controversées pour des projets d'infrastructure, ventes frauduleuses de terrains et tensions entre les résidents et les promoteurs immobiliers. Les cas de double vente, d'attribution illégale de terrains et d'occupation illégale deviennent monnaie courante, exacerbant les conflits et les frustrations des parties concernées. Les acteurs impliqués dans ces conflits sont divers et comprennent des familles locales, des promoteurs immobiliers, des autorités municipales, des agences gouvernementales et parfois des investisseurs étrangers.

Chacun de ces acteurs peut avoir des intérêts divergents et parfois contradictoires, ce qui complique la résolution des litiges. Les autorités locales, souvent en première ligne, doivent jongler entre les exigences du développement urbain et la préservation des droits des citoyens. Pour traiter efficacement les litiges fonciers urbains, il est essentiel d'adopter une approche intégrée qui combine une meilleure réglementation des transactions foncières, la conciliation des droits coutumiers et légaux et la mise en place de mécanismes de résolution des litiges équitables et accessibles. Une gestion efficace du foncier urbain est indispensable non seulement pour assurer un développement harmonieux et durable des villes camerounaises, mais aussi pour garantir la sécurité et la justice à tous les citoyens concernés.

Milieu rural de Douala

Ces conflits fonciers au Cameroun sont souvent exacerbés par des problèmes de gouvernance, des lacunes dans la législation foncière et des pratiques de vente de terres non réglementées. Ces conflits constituent un problème complexe qui affecte diverses régions du pays, y compris des villes comme Douala, Yaoundé, Bafoussam, Bamenda, Garoua, Maroua, Buea, Bertoua et Ebolowa. Voici un aperçu des principaux types de conflits fonciers et des acteurs impliqués : conflits liés à l'urbanisation et à l'expansion immobilière ; conflits de succession ; conflits entre éleveurs et agriculteurs ; conflits liés à des ventes frauduleuses de terres ; conflits d'expropriation pour des projets d'infrastructure ; conflits ethniques et communautaires.

1.1. Conflit foncier dans la ville de Douala

Douala, avec plus de 6 000 000 d'habitants (2023) et une densité de population de 20 000 habitants/km2, reste la plus grande ville et le principal centre économique du Cameroun, et est confrontée à des défis complexes en matière de gestion foncière. En tant que centre urbain dynamique et à croissance rapide, Douala illustre les tensions croissantes associées à l'urbanisation rapide, aux pressions démographiques et aux conflits fonciers qui en résultent. Les conflits fonciers dans cette métropole se manifestent par une variété de litiges qui reflètent les défis du développement urbain, de la régulation foncière et de la justice sociale.

L'accélération de la croissance économique et de l'urbanisation de Douala a entraîné une augmentation de la demande de terrains pour la construction de logements, d'infrastructures et d'activités commerciales. Cette pression sur l'espace urbain a mis en lumière les lacunes de la gestion foncière, révélant une série de problèmes, notamment des litiges sur les droits de propriété, des expropriations controversées et des transactions foncières problématiques. Des terres autrefois réservées à des usages traditionnels ou agricoles sont aujourd'hui convoitées pour des projets de développement immobilier, souvent sans coordination adéquate avec les droits des résidents locaux.

Ces conflits fonciers à Douala sont également exacerbés par la coexistence de systèmes fonciers modernes et coutumiers. Les droits coutumiers, qui régissent une part importante des terres de la ville, entrent souvent en conflit avec les réglementations légales modernes. Les cas de ventes multiples de terrains, d'occupation illégale et de contestation des droits de propriété sont monnaie courante, ce qui crée des tensions entre les promoteurs immobiliers, les habitants et les autorités locales.

Les acteurs impliqués dans ces conflits comprennent également des familles locales, des promoteurs immobiliers, des agences gouvernementales et des investisseurs étrangers (Mfewou, A., et al., 2014). Les autorités municipales jouent un rôle crucial dans la résolution de ces conflits, mais sont souvent confrontées à des défis liés à la transparence, à la législation foncière et à la gestion des diverses attentes des parties prenantes. Pour résoudre efficacement les conflits fonciers à Douala, il est essentiel de mettre en place une approche intégrée qui combine une meilleure réglementation des transactions foncières, une clarification des droits coutumiers et légaux, et des mécanismes de résolution des conflits accessibles et équitables. Une meilleure gestion du foncier urbain est essentielle pour soutenir le développement durable de Douala, tout en garantissant la sécurité juridique et la justice pour tous les citoyens concernés. En relevant ces défis, Douala peut aspirer à un avenir urbain plus harmonieux et plus équilibré.

A Douala, voici quelques exemples concrets de conflits fonciers recensés et les principaux acteurs impliqués : Conflit dans le quartier de Bonabéri : Contexte : Cet arrondissement a connu plusieurs conflits fonciers, notamment entre la population autochtone (les Sawa) et les allochtones. Les Sawa revendiquent des droits coutumiers sur les terres, tandis que les allochtones installés depuis des décennies contestent ces revendications. Acteurs concernés : population autochtone Sawa, allochtones, autorités municipales. Conflit dans la région de Logbaba : Contexte : A Logbaba, un conflit a éclaté à propos de la vente et de l'occupation de terres qui devaient être réservées à des projets industriels. Les habitants ont été expulsés de manière controversée pour permettre le développement de ces projets. Acteurs impliqués : Populations locales, promoteurs immobiliers, autorités municipales, entreprises industrielles. Conflit dans le quartier de New-Bell : Contexte : Ce quartier a été le théâtre de plusieurs conflits fonciers dus à de multiples ventes de terrains. Plusieurs personnes se sont retrouvées propriétaires d'une même parcelle, ce qui a donné lieu à de longues batailles juridiques. Acteurs impliqués : Vendeurs de terrains, acheteurs multiples, autorités judiciaires.

Conflit autour de la construction du stade de Japoma : Contexte : La construction du stade de Japoma pour la Coupe d'Afrique des Nations (CAN) a généré d'importants conflits fonciers. Les populations locales ont été déplacées sans compensation adéquate, ce qui a entraîné des manifestations et des conflits. Acteurs impliqués : Population locale, gouvernement, entreprises de construction, autorités municipales. Conflit à Mbanga-Bakoko : Contexte : Cette zone a été marquée par un conflit foncier opposant les populations locales à des promoteurs immobiliers ayant acquis des terrains dans des conditions jugées opaques par les habitants. Des expulsions forcées ont eu lieu, suscitant une forte opposition. Acteurs impliqués : Population locale, promoteurs immobiliers, autorités locales. Conflit dans le district de Yassa : Contexte : Yassa, à la périphérie de Douala, a connu des conflits fonciers liés à l'expansion urbaine. Des terres agricoles ont été réquisitionnées pour des projets immobiliers, ce qui a conduit à des affrontements entre les agriculteurs locaux et les autorités. Acteurs impliqués : Agriculteurs locaux, promoteurs immobiliers, autorités municipales. Ces exemples montrent la diversité des conflits fonciers à Douala, souvent liés à l'expansion urbaine rapide, à la pression foncière et à l'absence de titres de propriété clairs. Les acteurs impliqués vont des populations locales aux promoteurs immobiliers, en passant par les autorités municipales et la justice.

Palmerai d'Edéa

Face à la logique marchande et à la notion de propriété privée issue du droit moderne, le foncier à Douala est devenu un enjeu de conflits entre autochtones, allochtones et pouvoirs publics, influençant considérablement l'urbanisation de la ville depuis sa création jusqu'à nos jours.

Scandale foncier : 300 hectares de terres divisent la communauté Bonanjo. Le chef suprême du canton Bell, Sa Majesté Jean Yves Eboumbou Douala Manga Bell, est en conflit ouvert avec ses subordonnés au sujet de la gestion des terres dans les villages d'Essengue, Dinde et Youpwe. L'autorité traditionnelle accuse ces derniers de brader cet important patrimoine et dénonce la gestion autoritaire de ces zones par certains, au mépris des directives du gouvernement et même des instructions des autorités traditionnelles. Cependant, le chef suprême affirme vouloir consolider les droits fonciers du canton et faire en sorte que chaque famille et ménage Bell obtienne une immatriculation foncière.

1.2. Conflit foncier dans la ville Yaoundé

Yaoundé est la capitale du Cameroun et la deuxième ville du pays après la ville portuaire de Douala. La ville se trouve à une altitude d'environ 750 mètres, couvre une superficie de 180 kilomètres carrés et compte une population de 3,1 millions d'habitants. La ville est le théâtre de conflits fonciers croissants, reflétant les défis complexes de l'urbanisation et de la gestion des ressources foncières. Avec une population en constante augmentation et une urbanisation rapide, la ville est confrontée à des tensions croissantes autour de la propriété foncière, ce qui soulève des questions importantes pour le développement urbain durable et la justice sociale. En tant que centre politique et administratif, Yaoundé attire une forte demande de terrains pour la construction de logements, d'infrastructures publiques et de projets commerciaux. Cette pression sur l'espace urbain a mis en évidence les lacunes de la gestion foncière, avec des conflits récurrents liés à la propriété, à l'utilisation et à l'attribution des terres. Les problèmes incluent des litiges sur les droits de propriété, des expropriations controversées pour des projets d'infrastructure et des pratiques frauduleuses de vente de terrains.

La complexité de ces conflits est exacerbée par la coexistence de systèmes fonciers modernes et coutumiers. Le cadre juridique foncier du Cameroun, établi par le Code Foncier et Domanial, coexiste avec des droits coutumiers qui ne sont souvent pas alignés sur les réglementations modernes. Cette dualité crée des frictions, en particulier dans les quartiers à forte croissance où les droits fonciers coutumiers sont remis en cause par de nouvelles transactions immobilières.

Les acteurs impliqués dans les conflits fonciers à Yaoundé sont variés : familles locales, promoteurs immobiliers, autorités municipales, agences gouvernementales et parfois investisseurs étrangers. Les autorités locales jouent un rôle clé dans la gestion et la résolution de ces conflits, mais sont souvent confrontées à des défis en termes de transparence, d'application de la loi et de conciliation d'intérêts divergents.

Voici quelques exemples de conflits fonciers recensés à Yaoundé, la capitale du Cameroun, et les principaux acteurs impliqués : Conflit dans l'arrondissement de Nkolbisson : Contexte : Le quartier de Nkolbisson a été le théâtre de conflits fonciers entre les habitants et les autorités municipales. Des parcelles de terrain ont été attribuées à des promoteurs immobiliers, ce qui a entraîné des protestations de la part des habitants qui s'estimaient lésés. Acteurs impliqués : habitants, promoteurs immobiliers, autorités municipales. Conflit dans la région de Mbankolo : Contexte : Mbankolo a connu des conflits fonciers liés à l'occupation illégale de terrains réservés à des projets publics. Des individus ont construit des maisons sur ces terrains, entraînant des démolitions ordonnées par le gouvernement. Acteurs impliqués : occupants illégaux, gouvernement, autorités municipales. Conflit dans le district d'Etoudi : Contexte : Etoudi, où se trouve le Palais de l'Unité, a été le théâtre de conflits fonciers entre les autorités gouvernementales et les populations locales. Des terres ont été réquisitionnées pour des projets d'infrastructure, ce qui a donné lieu à des litiges concernant des compensations inadéquates ou inexistantes.

Acteurs impliqués : Populations locales, gouvernement, autorités municipales. Conflit autour du projet de stade d'Olembé : contexte : la construction du stade d'Olembé pour la Coupe d'Afrique des Nations (CAN) a entraîné l'expropriation de terres, donnant lieu à de nombreux conflits fonciers. Les populations déplacées ont protesté contre les conditions d'expropriation et les compensations jugées insuffisantes. Acteurs impliqués : populations locales, entreprises de construction, gouvernement, autorités locales. Conflit dans le département de Ngousso : contexte : L'arrondissement de Ngousso a été le théâtre de conflits fonciers entre des familles locales et des promoteurs immobiliers. Certaines familles revendiquent des droits coutumiers sur des terres qui ont été vendues à des promoteurs sans leur consentement. Acteurs impliqués : familles locales, promoteurs immobiliers, autorités coutumières, autorités municipales. Conflit dans le quartier de Bastos : contexte : Bastos, un quartier résidentiel huppé de Yaoundé, a été le théâtre de conflits fonciers impliquant des diplomates et des expatriés.

Les terres ont été revendiquées par plusieurs parties, ce qui a donné lieu à des litiges complexes sur la légitimité des titres fonciers. Acteurs impliqués : diplomates, expatriés, autorités judiciaires, vendeurs de terrains. Ces exemples illustrent la diversité des conflits fonciers à Yaoundé, souvent exacerbés par la pression immobilière, l'urbanisation rapide et les lacunes dans la gestion des titres fonciers. Les acteurs impliqués sont les populations locales, les autorités municipales et gouvernementales, les promoteurs immobiliers, et parfois des diplomates et des expatriés. Les acteurs sont confrontés à des problèmes juridiques liés à la validité de leurs titres ou à des tentatives d'appropriation illégale de leurs biens.

Ville de Yaoundé

Ces acteurs interagissent de manière complexe, ce qui rend les conflits fonciers à Bastos difficiles à résoudre. Les dynamiques de pouvoir, les pratiques administratives et les questions économiques jouent toutes un rôle dans la persistance et la résolution de ces conflits. Les tribunaux sont appelés à statuer sur les litiges fonciers et à fournir des solutions juridiques aux conflits.

1.3. Conflit foncier dans la ville de Bafoussam

La ville de Bafoussam, capitale de la région de l'Ouest du Cameroun, est un centre économique et culturel intense au cœur des Hauts Plateaux. Principal pôle urbain de la région, elle connaît une croissance démographique rapide, avec plus de 300 000 habitants et un taux de croissance élevé (4,1% par an), accompagnée d'un développement économique soutenu. Mais ce dynamisme est aussi source de tensions, notamment en matière de gestion et de répartition des terres. Les conflits fonciers à Bafoussam constituent une problématique complexe, ancrée dans un cadre socio-économique également marqué par une urbanisation accélérée et une pression accrue sur les ressources foncières. Les principaux facteurs à l'origine de ces conflits sont la rareté des terres disponibles, la spéculation immobilière et les insuffisances en matière de régulation et de gestion foncière. En outre, la coexistence de différents modes d'acquisition des terres, traditionnels et modernes, contribue à exacerber les conflits.

La diversité des acteurs impliqués dans les conflits fonciers - des autorités locales aux propriétaires traditionnels, en passant par les promoteurs immobiliers et les citoyens - révèle une mosaïque de revendications souvent contradictoires. Les enjeux sont multiples : d'une part, il s'agit de sécuriser les droits fonciers des habitants, souvent vulnérables aux pressions extérieures ; d'autre part, il s'agit de promouvoir un développement urbain harmonieux et solidaire. En résumé, le conflit foncier de Bafoussam est emblématique des défis auxquels sont confrontées les villes en pleine expansion au Cameroun. Il appelle à une approche intégrée et concertée pour équilibrer les intérêts divergents et assurer une gestion foncière équitable et durable. Voici quelques exemples de conflits fonciers recensés à Bafoussam, principale ville de la région Ouest du Cameroun, et les acteurs impliqués : Conflit dans le quartier de Banengo : Contexte : A Banengo, les conflits fonciers sont nés de l'expansion urbaine.

Des terres appartenant historiquement à des familles locales ont été vendues à des promoteurs immobiliers sans le consentement des héritiers. Cette situation a donné lieu à des litiges et à des contentieux prolongés. Acteurs impliqués : Familles locales, promoteurs immobiliers, autorités municipales. Conflit dans le district de Djemoum : Contexte : Le quartier de Djemoum a été le théâtre de conflits fonciers entre les populations locales et les autorités municipales, suite à la réquisition de terrains pour des projets de développement urbain. Les habitants ont protesté contre les conditions d'expropriation et l'insuffisance des compensations. Acteurs impliqués : Populations locales, autorités municipales, promoteurs de projets urbains. Conflit dans la région de Tocket : Contexte : Dans cette zone, des conflits fonciers ont éclaté entre plusieurs familles au sujet des droits de propriété sur des parcelles héritées.

Ces conflits sont souvent exacerbés par l'absence de titres fonciers clairs, ce qui donne lieu à des batailles juridiques. Acteurs impliqués : familles locales, autorités coutumières, autorités judiciaires. Conflit dans le district de Kamkop : Contexte : Le district de Kamkop a connu des conflits fonciers liés à l'acquisition de terres pour des projets de développement immobilier. Les populations autochtones ont contesté la vente de terres qu'elles considéraient comme leurs propriétés ancestrales, ce qui a conduit à des affrontements avec les acheteurs. Acteurs impliqués : Aborigènes, acheteurs de terres, promoteurs immobiliers, autorités municipales.

Conflit dans le district de Haoussa, contexte : Dans le district de Haoussa, des conflits fonciers sont apparus suite à des revendications de familles autochtones sur des terres occupées depuis des décennies par des allochtones. Ces conflits sont souvent marqués par des tensions ethniques. Acteurs impliqués : familles autochtones, populations allochtones, autorités coutumières, autorités municipales. Conflit dans le district de Tamdja : Le contexte : A Tamdja, un important conflit foncier a opposé des agriculteurs locaux à des promoteurs qui avaient acquis des terres agricoles pour des projets immobiliers. Les agriculteurs ont protesté contre la perte de leurs terres agricoles sans compensation adéquate. Acteurs impliqués : Agriculteurs locaux, promoteurs immobiliers, autorités municipales. Ces exemples montrent que les conflits fonciers à Bafoussam sont souvent liés à des problèmes d'urbanisation rapide, de succession et de revendications coutumières. Les principaux acteurs impliqués sont les familles locales, les autorités coutumières, les promoteurs immobiliers, ainsi que les autorités municipales et judiciaires.

Sur les 100 affaires pendantes devant le tribunal administratif de Bafoussam, près de 95 % concernent des litiges fonciers et immobiliers. Ces affaires continuent de diviser et de déchirer les familles et les communautés de la région Ouest. Les litiges fonciers sont particulièrement fréquents.

A Kouoptamo, dans le Noun, deux personnes ont perdu la vie le 15 janvier 2024 à la suite d'une altercation liée à un litige foncier. "Il s'agit d'un domaine privé dont le titre foncier remonte à plusieurs décennies. Il appartenait à des expatriés qui ont quitté la région. La nature ayant horreur du vide, des individus se sont appropriés ce terrain par des procédures non conformes, avec la complicité de certaines personnes. Des revendications sont alors apparues, conduisant aux récents affrontements".

Les autorités sur le banc des accusés. Dans la région de l'Ouest, pour protéger leurs biens immobiliers, certaines familles marquent leur propriété de messages tels que "maison de famille, pas à vendre" ou "terre de famille". Selon la sociologue Lydie Biby Meghuiope, les conflits fonciers et immobiliers sont inhérents à l'existence humaine. "Les familles se déchirent pour des questions foncières. Chacun use de ruse pour tromper l'autre", confie-t-elle. Engagée dans la lutte contre les violences faites aux femmes, elle souligne que l'exclusion des femmes des droits de succession exacerbe les problèmes fonciers. De nombreuses affaires foncières et immobilières sont pendantes devant les tribunaux de l'ouest du pays. Les accusations portent sur la sorcellerie, les menaces de mort, les troubles de jouissance et la destruction de biens. Selon Me Tanda Sachée, avocat spécialisé dans les affaires foncières, ces litiges sont souvent liés à des problèmes d'héritage.

En 2023, 465 affaires foncières ont été enregistrées dans les tribunaux de la région Ouest, dont 370 au tribunal administratif et 93 dans les autres juridictions de la région.

1.4. Conflit foncier dans la ville de Bamenda

Bamenda, capital of Cameroon's North-West Region, is a strategic city located in a densely populated region rich in natural resources. This dynamic urban center is characterized by rapid growth and increasing urbanization, generating economic opportunities but also major challenges, particularly in terms of land management. La ville est passée de 9 765 habitants en 1953 à 44 764 en 1976, 110 000 en 1987 et plus de 315 000 selon les estimations de l'Institut national de la statistique en 2001. Selon le dernier recensement publié en 2010, Bamenda compte 269 530 habitants. Les conflits fonciers à Bamenda sont devenus une question omniprésente, reflétant les tensions qui surgissent lorsque l'expansion urbaine se heurte aux réalités de la propriété et de la gestion des terres. Le problème trouve son origine dans une combinaison de facteurs historiques, socio-économiques et juridiques. Le passage d'une société traditionnelle à une économie plus urbanisée a entraîné une concurrence accrue pour les terres, exacerbée par la croissance démographique et la pression exercée sur les espaces urbains.

Les sources de conflits fonciers à Bamenda sont variées. Il s'agit de désaccords entre les populations locales et les autorités sur la délimitation et le transfert de propriété, de pratiques de spéculation foncière qui favorisent certains groupes au détriment d'autres, et de lacunes dans la réglementation foncière et les procédures d'attribution. La coexistence de titres de propriété formels et informels crée une zone de conflit où les droits de propriété peuvent être ambigus et contestés.

En outre, les conflits fonciers à Bamenda ne se limitent pas à des questions de propriété, mais englobent également des dimensions sociales et politiques. Les tensions entre les différents acteurs impliqués, y compris les autorités locales, les propriétaires fonciers traditionnels, les investisseurs immobiliers et les résidents urbains, révèlent des inégalités et des injustices qui peuvent conduire à des conflits sociaux plus larges. Pour relever ces défis, il est important d'adopter des stratégies de gestion foncière qui prennent en compte les divers intérêts des parties prenantes et favorisent une approche équitable et durable. Une telle approche est essentielle pour assurer un développement urbain harmonieux et résoudre les tensions foncières qui affectent la stabilité sociale et la cohésion de la communauté à Bamenda.

Voici quelques exemples de conflits fonciers recensés à Bamenda, principale ville de la région du Nord-Ouest du Cameroun, et les acteurs impliqués : Conflit dans le quartier de Nkwen : Contexte : L'arrondissement de Nkwen a été le théâtre de conflits fonciers entre les populations locales et les autorités municipales. Des terres revendiquées par des familles autochtones ont été attribuées à des projets immobiliers, ce qui a entraîné des protestations et des manifestations de la part des habitants. Acteurs impliqués : familles autochtones, promoteurs immobiliers, autorités municipales, chefs traditionnels. Conflit dans la région de Ntarinkon : Contexte : À Ntarinkon, un conflit foncier a éclaté à la suite de la vente de terres par des chefs traditionnels à plusieurs acheteurs différents. Cela a entraîné des conflits entre les acheteurs, chacun revendiquant la propriété des mêmes parcelles. Acteurs impliqués : chefs traditionnels, acheteurs de terres, autorités judiciaires. Conflit à Mile 90 : Contexte : Mile 90, une zone en pleine expansion, a connu des conflits fonciers en raison de la réquisition de terres pour des projets d'infrastructure.

Les agriculteurs locaux ont été expulsés de leurs terres sans compensation adéquate, ce qui a entraîné des affrontements avec les autorités locales. Parties prenantes concernées : Agriculteurs locaux, autorités municipales, promoteurs de projets d'infrastructure. Conflit dans la région de Mankon : Contexte : Mankon, un quartier historique de Bamenda, a vu l'émergence de conflits fonciers entre les autorités traditionnelles et les promoteurs immobiliers. Les chefs traditionnels revendiquent des droits sur des terres qui ont été vendues pour le développement urbain sans leur consentement. Acteurs impliqués : Autorités traditionnelles (chefferie de Mankon), promoteurs immobiliers, autorités municipales. Conflit dans le district de Mendankwe : Contexte : Mendankwe a été le théâtre de conflits fonciers entre différentes familles locales. Ces conflits sont souvent liés à des revendications coutumières et à des ventes illégales de terres par des individus n'ayant pas de titres fonciers clairs.

Parties prenantes : Familles locales, autorités coutumières, vendeurs illégaux, autorités judiciaires. Conflit dans la région de Chomba : Contexte : Chomba, un village situé à la périphérie de Bamenda, a connu des conflits fonciers entre les communautés locales et les allochtones venus s'installer dans la région. Les autochtones revendiquent des droits coutumiers sur les terres, tandis que les allochtones prétendent avoir acheté les parcelles légalement.

Acteurs : communautés autochtones et non autochtones, autorités municipales, chefs traditionnels. Par exemple, le conflit foncier et frontalier entre les Bali-Nyonga et les Bahouoc. Les Bahouoc, qui vivent aujourd'hui dans le Bali Nyonga, sont originaires de l'ouest du Cameroun, qu'ils ont dû fuir lors de la pénétration allemande. Le 6 mars

2007, les Bali-Nyonga ont mené une attaque sanglante contre les Bahouoc, tuant une dizaine de personnes, incendiant plus de 300 maisons, dont la chefferie avec tout son contenu, et déplaçant environ 3 000 personnes. Le village de Bahouoc, peuplé de migrants venus de la région du Ndé à l'ouest, a presque disparu de la carte du Cameroun. Le conflit a éclaté à la suite d'incidents survenus lors de la cérémonie et du rituel traditionnel de Bali, le Lela, célébré pendant quatre jours pour honorer "leurs rites". Les tensions entre ces deux communautés trouvent leur origine dans les questions d'espace, d'identité et de délimitation du territoire, exacerbées par une démographie galopante et la réduction progressive de l'espace vital.

Ces exemples montrent que les conflits fonciers à Bamenda sont souvent liés à des questions d'appropriation coutumière, de succession et d'urbanisation. Les principaux acteurs impliqués sont les familles locales, les chefs traditionnels, les promoteurs immobiliers, les autorités municipales et parfois les autorités judiciaires.

1.5. Conflit foncier dans la ville de Buea

Le Sud-Ouest, avec une superficie de 25 410 km² et Buea comme capitale régionale, est depuis plusieurs années le théâtre de conflits fonciers récurrents. Ces conflits, qui opposent différents acteurs tels que les autorités locales, les investisseurs, les communautés autochtones et les nouveaux résidents, sont devenus une préoccupation majeure pour la stabilité sociale et le développement de la région. Buea, ville historique et administrative, est marquée par une croissance urbaine rapide, alimentée par la croissance démographique et l'afflux de personnes à la recherche de meilleures opportunités économiques. Les conflits fonciers dans cette ville trouvent leur origine dans la complexité des systèmes de gestion foncière, où les droits coutumiers coexistent souvent de manière ambiguë avec les lois modernes. Cette dualité juridique, associée à une intense spéculation immobilière et à une pression accrue sur les terres, a exacerbé les tensions entre les différentes parties prenantes.

Les revendications conflictuelles en matière de propriété foncière, amplifiées par des procédures administratives souvent opaques et une mauvaise gouvernance foncière, ont conduit à des tensions prolongées et parfois violentes.

De plus, l'histoire coloniale de Buea, avec ses anciennes réserves foncières et les réformes post-indépendance, ajoute une couche supplémentaire de complexité à la situation foncière actuelle. Ces conflits ont des répercussions importantes non seulement sur le tissu social de la ville, mais aussi sur son développement économique et environnemental. Ils menacent de ralentir les investissements, d'accroître les inégalités sociales et de détériorer la qualité de vie des habitants. Voici quelques exemples de conflits fonciers recensés à Buea, capitale de la région du Sud-Ouest du Cameroun, et leurs principaux acteurs : Conflit dans le quartier de Bokwango : Contexte : Le quartier de Bokwango, situé à la périphérie de Buea, a connu des conflits fonciers liés à l'expansion urbaine. Des terres autrefois réservées à l'agriculture ont été revendues pour des projets immobiliers, entraînant des conflits entre les agriculteurs locaux et les nouveaux propriétaires. Acteurs impliqués : Agriculteurs locaux, promoteurs immobiliers, autorités municipales, autorités coutumières. Conflit dans le district de Molyko : Contexte : Molyko, un district en plein développement, a été le théâtre de conflits fonciers dus à la vente illégale de terres. Plusieurs personnes ont acheté les mêmes parcelles de terre, ce qui a entraîné des litiges prolongés et des affrontements entre les différents acteurs.

Acteurs impliqués : Acheteurs fonciers, vendeurs peu scrupuleux, autorités judiciaires, autorités municipales. Conflit à Mile 16 : Contexte : Mile 16 a été marqué par des conflits fonciers entre familles locales et allochtones. Les familles autochtones revendiquent des droits coutumiers sur des terres qui ont été occupées et revendiquées par des non-autochtones originaires d'autres régions du Cameroun. Acteurs : familles autochtones, populations allochtones, autorités coutumières, autorités municipales. Conflit dans la zone de la route Limbe-Buea : Contexte : La route Limbe-Buea a vu l'émergence de conflits fonciers suite à la réquisition de terres pour des projets d'infrastructure. Les riverains ont contesté les compensations offertes par le gouvernement, estimant qu'elles étaient insuffisantes pour compenser la perte de leurs terres.

Acteurs impliqués : Populations locales, gouvernement, autorités municipales, promoteurs de projets d'infrastructure. Conflit dans le quartier GRA (Government Residential Area) : Contexte : Le quartier GRA, qui abrite des résidences de fonctionnaires et des bâtiments administratifs, a été le théâtre de conflits fonciers entre les autorités locales et des individus revendiquant des droits de propriété sur certaines parcelles. Ces litiges ont souvent donné lieu à des batailles juridiques complexes. Acteurs impliqués : Autorités locales, fonctionnaires, particuliers revendiquant la propriété, autorités judiciaires. Conflit dans le district de Bwitingi : Contexte : Le district de Bwitingi a été marqué par des conflits fonciers liés à la succession des terres familiales. Les membres des familles se disputent les droits de propriété sur les parcelles héritées, ce qui a entraîné des affrontements internes et le recours à la justice. Acteurs impliqués : Membres des familles locales, autorités coutumières, autorités judiciaires.

Par exemple, la révolte des Bakweri contre la privatisation des terres. Le Bakweri Land Claim Committee (BLCC) lutte depuis plusieurs années contre la privatisation par le gouvernement de la Cameroon Development Corporation (CDC), complexe agricole basé à Bota, à quelques dizaines de kilomètres de Douala, et premier employeur du pays après l'Etat. L'un des souvenirs de l'association. "Tout a commencé avec l'arrivée des colonisateurs allemands au Cameroun en 1884, qui sont venus prendre les terres de nos ancêtres sans compensation. Les Bakweris ont été les premiers Camerounais victimes de la colonisation : les Allemands, premiers occupants du pays, se sont vite rendu compte de l'incroyable richesse de leur terre, rendue noire et fertile par des siècles d'activité volcanique.

Ces exemples montrent que les conflits fonciers à Buea sont souvent liés à des questions d'urbanisation rapide, de succession et de revendications coutumières. Les principaux acteurs impliqués sont les familles locales, les promoteurs immobiliers, les allochtones, les autorités coutumières, les autorités municipales et le pouvoir judiciaire.

1.6. Conflit foncier dans la ville de Bertoua

La ville de Bertoua, capitale de la région de l'Est du Cameroun, est confrontée à une série de conflits fonciers qui témoignent de la complexité de la gestion des terres dans cette région riche en ressources naturelles. À Bertoua, la croissance démographique et l'expansion urbaine, combinées à l'importance économique de l'exploitation forestière et minière, ont intensifié la pression sur les terres, exacerbant les tensions entre les différents acteurs. Les conflits fonciers à Bertoua sont largement alimentés par la coexistence difficile entre les droits fonciers traditionnels des communautés locales et les pratiques modernes d'acquisition de terres, souvent soutenues par des investisseurs privés et des projets de développement. Cette dualité crée des ambiguïtés dans la reconnaissance des droits de propriété, entraînant des conflits entre les autochtones, les autorités locales et les nouveaux arrivants. Les conflits fonciers sont également aggravés par une gouvernance foncière souvent perçue comme inefficace, avec des procédures administratives opaques et une corruption endémique.

Bertoua Ier : 52 355 habitants, dont 46 477 pour Bertoua Ier Ville, qui comprend également les villages suivants : Bamvele, Bonis I, Bonis II, Gbakombo, Kaïgama, Koume, Koume Goffi, Koume-Bonis, Madagascar et Nganke.

L'importance stratégique de Bertoua en tant que pôle économique de l'est du Cameroun attire de plus en plus d'investissements, notamment dans l'exploitation des ressources naturelles. Cependant, cette dynamique économique, loin d'être uniquement bénéfique, crée un terrain propice à la spéculation et aux conflits, avec des répercussions importantes sur les communautés locales. Ces dernières, souvent dépossédées de leurs terres, subissent les effets négatifs des conflits fonciers, notamment en termes de déplacements forcés, de dégradation de leurs moyens de subsistance et de marginalisation sociale.

Les conflits fonciers à Bertoua soulèvent donc des questions cruciales en matière de justice sociale, de durabilité environnementale et de développement économique. Cette introduction vise à jeter les bases d'une analyse approfondie des causes sous-jacentes, des acteurs impliqués et des conséquences des conflits fonciers dans cette ville. Elle met en évidence le besoin urgent de réformes dans la gestion foncière, afin de promouvoir une coexistence pacifique et un développement harmonieux dans la région.

Voici quelques exemples de conflits fonciers recensés à Bertoua, chef-lieu de la région de l'Est du Cameroun, et les principaux acteurs impliqués : Conflit dans l'arrondissement de Nkolbikon :

Le conflit dans l'arrondissement de Nkolbikon : Contexte : L'arrondissement de Nkolbikon a connu des conflits fonciers liés à l'urbanisation rapide. Des terres autrefois considérées comme coutumières ont été vendues à des promoteurs immobiliers sans l'accord des familles locales, ce qui a entraîné des protestations et des conflits. Acteurs impliqués : familles locales, promoteurs immobiliers, autorités municipales, autorités coutumières. Conflit dans le district de Mokolo : Contexte : À Mokolo, des conflits fonciers ont éclaté entre les agriculteurs et les autorités locales. Des terres agricoles ont été réquisitionnées pour des projets de développement urbain, mais les agriculteurs ont contesté ces expropriations, estimant que les compensations étaient insuffisantes.

Acteurs concernés : Agriculteurs locaux, autorités municipales, promoteurs de projets urbains. Conflit dans le district de Ngong : Contexte : Le district de Ngong a été le théâtre de conflits fonciers dus à la vente multiple de parcelles par des vendeurs frauduleux. Plusieurs acheteurs ont découvert qu'ils avaient acquis la même parcelle, ce qui a donné lieu à des batailles juridiques. Acteurs impliqués : Acheteurs fonciers, vendeurs frauduleux, autorités judiciaires. Conflit dans le district de Zembaba : Contexte : Zembaba a connu des conflits fonciers entre des familles autochtones et des non-autochtones venus s'installer dans la région. Les autochtones revendiquent des droits coutumiers sur les terres, tandis que les allochtones prétendent avoir acquis les parcelles légalement. Acteurs impliqués : familles autochtones, populations non autochtones, autorités coutumières, autorités municipales.

Conflit dans la région de Bertoua II : Contexte : Bertoua II a vu naître des conflits fonciers suite à la réquisition de terrains pour la construction de nouvelles infrastructures publiques. Les résidents locaux ont contesté les compensations offertes, estimant qu'elles ne reflétaient pas la valeur réelle de leurs terres. Acteurs impliqués : Populations locales, gouvernement, autorités municipales, promoteurs de projets d'infrastructures. Conflit dans le district de Koumé : Contexte : Le district de Koumé a été marqué par des conflits fonciers entre différentes familles sur des terres héritées. Les conflits de succession ont conduit à des affrontements internes, avec un recours fréquent aux autorités judiciaires pour résoudre les litiges. Acteurs impliqués : Membres des familles locales, autorités coutumières, autorités judiciaires. Par exemple, l'évêque de Bertoua, M. Joseph Atanga, est accusé d'accaparement de terres dans le village de Nganké à l'est. Les populations de cette région s'insurgent contre ce qu'elles considèrent comme une escroquerie foncière avec l'homme de Dieu à la barre.

1.7. Conflit foncier dans la ville d'Ebolowa

La ville d'Ebolowa, située dans la région sud du Cameroun, est le théâtre de tensions foncières croissantes qui révèlent la complexité des enjeux au cœur de cette région en pleine expansion. Ces conflits fonciers, qui impliquent différents acteurs tels que les habitants, les autorités traditionnelles et les investisseurs privés, mettent en lumière les défis de la gestion foncière dans un contexte de croissance démographique et de développement économique accéléré.

Ebolowa, en tant que centre administratif et économique du Sud, attire de nombreux projets d'investissement qui intensifient la pression sur les terres disponibles. Cette situation a donné lieu à des conflits récurrents entre les communautés autochtones et les nouveaux arrivants, souvent exacerbés par des problèmes de reconnaissance et de délimitation des droits fonciers. Les différends sont également alimentés par la coexistence complexe de systèmes fonciers traditionnels et modernes, créant des ambiguïtés qui donnent lieu à des conflits. La situation est d'autant plus délicate que les procédures administratives d'acquisition et de gestion des terres sont parfois marquées par la lenteur et les irrégularités, ce qui aggrave les tensions entre les parties prenantes. Les conflits fonciers à Ebolowa ne sont pas seulement une question de droits de propriété, mais révèlent également des défis plus larges liés à l'urbanisation, à la justice sociale et à la gouvernance locale. Cette introduction vise à contextualiser les conflits fonciers à Ebolowa, en soulignant les facteurs qui les sous-tendent et les impacts qu'ils ont sur les communautés locales. Elle ouvre la voie à une analyse approfondie des causes, de la dynamique et des implications de ces conflits, tout en soulignant la nécessité d'une gestion foncière plus équitable et plus transparente pour assurer un développement harmonieux de la ville.

Voici quelques exemples de conflits fonciers recensés à Ebolowa, capitale de la région du Sud du Cameroun, et les principaux acteurs impliqués : Conflit dans l'arrondissement de Nlongkak : Contexte : À Nlongkak, les conflits fonciers sont nés de l'expansion urbaine rapide. Des terres ancestrales ont été vendues à des promoteurs immobiliers sans le consentement des familles locales, ce qui a donné lieu à des différends et à des litiges. Acteurs impliqués : familles locales, promoteurs immobiliers, autorités municipales, autorités coutumières. Conflit dans le district de Mballa II : Contexte : Mballa II a été le théâtre de conflits fonciers liés à des ventes multiples de parcelles. Les personnes achetaient les mêmes parcelles à des sources différentes, ce qui entraînait des litiges juridiques sur la propriété. Acteurs impliqués : Acheteurs de terres, vendeurs frauduleux, autorités judiciaires. Conflit dans la région de Meyomessala : Contexte : Meyomessala, une localité proche d'Ebolowa, a connu des conflits fonciers dus à la réquisition de terres pour des projets de développement agricole. Les populations locales ont contesté les expropriations et proposé des compensations. Acteurs impliqués : Populations locales, autorités municipales, promoteurs de projets agricoles.

Conflit dans le district d'Obala : Contexte : À Obala, des conflits fonciers ont éclaté entre les agriculteurs et les éleveurs locaux. Les éleveurs revendiquent des droits de pâturage sur les terres utilisées par les agriculteurs pour les cultures, ce qui a entraîné des tensions et des affrontements. Acteurs impliqués : Agriculteurs locaux, éleveurs, autorités coutumières, autorités municipales. Conflit dans le département de Bépanda : Contexte :

Le district de Bépanda a été marqué par des conflits fonciers dus à des revendications concurrentes sur des terres héritées. Les membres de différentes familles se disputent les droits de propriété sur les parcelles familiales, ce qui entraîne des conflits prolongés. Acteurs impliqués : Membres des familles locales, autorités coutumières, autorités judiciaires.

Conflit dans le district d'Ebolowa II : Contexte : Ebolowa II a connu des conflits fonciers liés à l'attribution de terres pour des projets d'infrastructure. Les habitants ont contesté les expropriations et les indemnisations, les jugeant insuffisantes par rapport à la valeur réelle de leurs terres. Acteurs impliqués : Populations locales, gouvernement, autorités municipales, promoteurs de projets d'infrastructure.

Ebolowa : le torchon brûle entre la population et la Cameroon United Forest. Les habitants du village d'Engong, situé dans l'arrondissement d'Ebolowa I, sont en conflit ouvert avec la société forestière Cameroon United Forest (CUF) au sujet de l'exploitation abusive et anarchique de l'Unité Forestière d'Aménagement (UFA) dans leur village. Les riverains accusent la société forestière de ne pas respecter les engagements stipulés dans son cahier des charges. Deux semaines seulement après la visite du ministre des Forêts et de la Faune à Ebolowa pour une réunion de sensibilisation sur l'exploitation forestière illégale dans la région du Sud, des tensions notables apparaissent sur le terrain. Le 12 avril 2019, le village d'Engong, situé sur l'axe Ebolowa-Akom, a connu une journée particulièrement mouvementée.

Les populations locales estiment qu'elles ne bénéficient pas de l'exploitation de leur forêt communautaire et ont exprimé leur mécontentement en bloquant systématiquement l'accès des machines de CUF à leur territoire. Les plaintes des villageois portent principalement sur le non-respect des engagements, la corruption et l'exploitation illégale des forêts.

Une décision du Tribunal de Grande Instance de l'Océan à Kribi, confirmée par un arrêt de la Cour d'Appel d'Ebolowa, a ordonné à Maetur de rendre des comptes aux habitants des deux communautés Bwambe à Kribi, sous peine d'une amende de 500.000

francs CFA par jour de retard. En ce qui concerne les domaines des communautés Bobodio Bona Ebakala et Bobodio Bona Elingué, d'une superficie totale de 24 hectares titrés, la situation semble rester inchangée pour la Maetur, bien que la convention entre les communautés et la Maetur soit devenue caduque en 2000. Les populations des communautés Bobodio Bona Elenguè et Bobodio Bona Ebakala dénoncent la spoliation d'une vaste parcelle non bâtie de 1 hectare 1 406 m² en bord de mer, entourée d'une clôture en béton, attribuée à un certain A. Bello "entre 2010 et 2011". Les biens concernés, portant les titres fonciers N°1531/Océan et 1480/Océan situés à Bwambe, Kribi 1er, appartiennent en réalité aux communautés coutumières Bobodio Bona Ebakala et Bobodio Bona Elenguè.

En 1998, ces communautés ont été mises en relation avec la Maetur pour aménager, lotir et éventuellement vendre des parcelles de ces terres, en échange d'un versement de 44,8 % du produit de la vente à cette entreprise publique. Selon les autorités locales, la Maetur et ses dirigeants se sont éloignés de leurs missions, notamment la protection des intérêts locaux, pour se livrer à la spoliation des terres de leurs administrés. Cette situation a conduit les communautés à saisir les autorités judiciaires, qui leur ont donné raison.

Kribi-Cameroun

Aujourd'hui, cette décision est définitive et a acquis l'autorité de la chose jugée. Il est surprenant de constater que malgré la décision du Tribunal de Grande Instance de l'Océan à Kribi, confirmée par un arrêt de la Cour d'Appel d'Ebolowa en faveur des riverains des deux communes de Bwambe à Kribi, certaines manipulations préfectorales semblent ignorer les décisions de justice rendues dans le cadre du litige opposant la Mission d'Aménagement et d'Équipement des Terrains à la Mission d'Aménagement et d'Équipement des Terrains, certaines manipulations préfectorales semblent ignorer les décisions de justice rendues dans le cadre du litige opposant la Mission d'Aménagement et d'Équipement des Terrains Urbains et Ruraux (MAETUR) aux communautés de Bobodio Bona Ebakala et Bobodio Bona Elingué.

Selon les communautés, la décision du tribunal est claire. Le tribunal, "statuant publiquement, contradictoirement à l'égard des parties, en matière civile et commerciale, et en premier ressort, et après en avoir délibéré conformément à la loi, ordonne la réémission des comptes par la Maetur et le partage des lots invendus des titres fonciers N°1531/O et N°1480/O, s'ils n'ont pas encore été attribués aux bénéficiaires, sous astreinte de 500.000 francs CFA par jour de retard". Maître Mime Ndoum Berthe, notaire à Kribi, a été désigné pour mener à bien cette procédure". Ces exemples montrent que les conflits fonciers à Ebolowa sont souvent liés à l'expansion urbaine, aux ventes illégales de terres, aux différends entre différentes communautés (agriculteurs et éleveurs, par exemple) et aux conflits d'héritage. Les principaux acteurs impliqués sont les familles locales, les promoteurs immobiliers, les autorités coutumières, les autorités municipales et le système judiciaire.

1.8. Conflit foncier dans la ville de Ngaoundéré

La ville de Ngaoundéré, située dans la région de l'Adamaoua au Cameroun, est au cœur de tensions foncières croissantes qui reflètent des questions complexes liées à l'urbanisation rapide et aux changements socio-économiques dans la région. Principal centre administratif et économique de l'Adamaoua, Ngaoundéré connaît une expansion urbaine importante, ce qui entraîne une pression accrue sur les terres disponibles et exacerbe les conflits entre les différentes parties prenantes. Les conflits fonciers à Ngaoundéré se manifestent par des litiges entre les communautés locales, les nouveaux arrivants et les autorités, souvent alimentés par des revendications concurrentes sur les droits de propriété et les procédures d'acquisition des terres. La coexistence de régimes fonciers traditionnels et modernes complique encore la situation, générant des ambiguïtés et des tensions sur la délimitation et la gestion des terres.

Les conflits fonciers à Ngaoundéré sont également exacerbés par la croissance rapide de la population et l'accélération du développement économique, qui intensifient la concurrence pour des ressources foncières limitées. Cette dynamique est exacerbée par les problèmes de gouvernance, notamment les lacunes dans l'application du droit foncier, la corruption et la gestion parfois opaque des terres par les autorités locales.

Ce contexte de conflit foncier met en lumière des questions cruciales sur la justice sociale, l'équité dans l'accès aux ressources et la durabilité du développement urbain. L'introduction de cette analyse vise à explorer les causes sous-jacentes des conflits fonciers à Ngaoundéré, les acteurs impliqués et les impacts sur les communautés locales, tout en soulignant la nécessité d'une approche de gestion foncière plus intégrée et équitable pour assurer un développement harmonieux de la ville. Voici quelques exemples de conflits fonciers enregistrés à Ngaoundéré, chef-lieu de la région de l'Adamaoua au Cameroun, et les principaux acteurs impliqués : Conflit dans l'arrondissement de Dang : Contexte : L'arrondissement de Dang, qui abrite l'université de Ngaoundéré, a connu des conflits fonciers liés à l'expansion de l'institution. Des terres appartenant à des communautés locales ont été réquisitionnées pour l'expansion de l'université, ce qui a entraîné des protestations de la part des populations locales qui estiment ne pas avoir été suffisamment indemnisées. Acteurs impliqués : Populations locales, administration de l'université, autorités municipales, gouvernement.

Conflit dans le district de Marza : Contexte : Dans le district de Marza, des conflits fonciers ont éclaté entre les éleveurs et les agriculteurs locaux. La concurrence pour l'accès à la terre a provoqué des tensions, les éleveurs revendiquant des droits de pâturage sur des terres utilisées par les agriculteurs pour leurs cultures. Acteurs impliqués : Eleveurs (principalement des Peuls), agriculteurs locaux, autorités traditionnelles, autorités locales.

Conflit dans le district de Sabongari : Contexte : Sabongari a été le théâtre de conflits fonciers dus à la vente multiple de terres par des vendeurs peu scrupuleux. Plusieurs acheteurs se sont retrouvés en possession de documents prouvant la propriété d'une même parcelle, ce qui a conduit à des litiges juridiques prolongés. Acteurs impliqués : Acheteurs fonciers, vendeurs frauduleux, autorités judiciaires.

Conflit dans la région de Galim-Tignère : Contexte : Cette zone rurale proche de Ngaoundéré a connu des conflits fonciers entre les communautés locales et les allochtones venus s'installer pour cultiver. Les autochtones revendiquent des droits coutumiers sur les terres, tandis que les allochtones prétendent avoir acquis légalement des parcelles à cultiver. Acteurs impliqués : communautés autochtones, allochtones (souvent originaires d'autres régions du Cameroun), autorités traditionnelles, autorités municipales.

Conflit dans l'arrondissement de Nyambaka : Contexte : Des conflits fonciers sont apparus dans cet arrondissement en raison de l'expansion urbaine et de la réquisition de terres pour des projets d'infrastructure. Les populations locales ont été déplacées sans compensation adéquate, ce qui a entraîné des manifestations et des conflits avec les autorités locales. Acteurs impliqués : Populations locales, autorités municipales, promoteurs de projets d'infrastructures.

Conflit dans le district de Bamyanga : Contexte : Bamyanga a connu des conflits fonciers entre familles locales suite à des questions de succession et de partage des terres héritées. L'absence de titres fonciers clairs et la multiplication des revendications sur les mêmes parcelles ont conduit à des batailles juridiques. Acteurs impliqués : familles locales, autorités coutumières, autorités judiciaires.

Conflit foncier : Scandale des lotissements de Gada-Mbidou. La situation des lotissements de Gada-Mbidou, dans la commune d'arrondissement de Ngaoundéré 3e, département de la Vina, région de l'Adamaoua, est marquée par un scandale de fraude et de corruption. Les populations locales dénoncent vigoureusement les pratiques révoltantes qui entourent ces lotissements : fausses signatures, détournement de terres, trafic d'influence, etc. Les voix de la communauté s'élèvent de plus en plus contre cette injustice persistante. Un réseau de faussaires semble avoir pris le contrôle du projet de lotissement mené par la mairie de Ngaoundéré 3e. Le litige porte sur la localité de Gada-Mbidou, située au-delà du campus universitaire de Dang, dans le département de la Vina.

Suite à des dérives administratives, de nombreuses zones continuent d'être exploitées en raison des exactions et des manœuvres mafieuses qui entourent leur gestion. Des dizaines de personnes sont concernées par ce trafic illicite de terres. Elles accusent les services des domaines, du cadastre et des affaires foncières de vendre leurs parcelles à des personnes plus aisées financièrement.

Indemnisation des riverains de l'aéroport de Ngaoundéré. La première phase de distribution des chèques d'indemnisation par l'Autorité aéronautique aux riverains concernés s'est déroulée du 16 au 18 octobre, en présence du préfet du département de la Vina, M. Awounfac Alienou. Cette opération marque la dernière phase du processus de libération de la zone aéroportuaire, lancé il y a quelque temps par le CCAA en collaboration avec les autorités administratives, municipales et coutumières de la ville de Ngaoundéré. Certains occupants illégalement installés dans l'enceinte de l'aéroport de Ngaoundéré sont appelés à libérer ces espaces dans le cadre de cette opération de sécurisation. En contrepartie, les victimes de perte de droits fonciers et de destruction de biens recevront une indemnisation calculée en fonction des cultures, de la nature des bâtiments et de la superficie du titre foncier.

Au cours de cette première phase, 159 personnes ont bénéficié d'un montant total de 140 millions de FCFA, conformément à l'arrêté du Premier Ministre N°2022/4307/PM signé le 20 juin 2022, sur un montant total évalué à 250.086.969 FCFA. La priorité a été donnée aux cultures et aux bâtiments valorisés. La deuxième phase d'indemnisation, prévue pour 2024, concernera les détenteurs de titres fonciers, pour un montant total de 110 millions de FCFA. Avant de remettre les chèques, le Préfet de la Vina a prononcé un discours à l'attention de la population locale, rappelant les différentes étapes qui ont précédé la remise, notamment les nombreuses visites de terrain effectuées avec les chefs d'arrondissement pour sensibiliser et identifier les problèmes.

Ces exemples illustrent le fait que les conflits fonciers à Ngaoundéré sont souvent liés à des questions d'expansion urbaine, de succession et de compétition pour la terre entre les différentes communautés, notamment entre éleveurs et agriculteurs. Les acteurs impliqués sont les populations locales, les autorités traditionnelles et municipales, ainsi que les promoteurs de projets urbains et d'infrastructures.

1.9. Conflit foncier dans la ville de Garoua

La ville de Garoua, capitale régionale du nord du Cameroun, est en proie à des conflits fonciers de plus en plus complexes, reflétant des défis majeurs liés à l'expansion urbaine et à la gestion des ressources foncières. En tant que principal centre économique et administratif de la région, Garoua connaît une croissance rapide qui entraîne une pression accrue sur les terres disponibles, exacerbant les tensions entre les différentes parties prenantes. Les conflits fonciers à Garoua sont souvent alimentés par des revendications concurrentes de propriété foncière, mêlant les intérêts des communautés locales, des nouveaux arrivants et des autorités publiques. Cette situation est exacerbée par des lacunes dans la réglementation et la gestion foncières, des procédures de délimitation ambiguës et des pratiques administratives parfois opaques. Les litiges portent également sur des questions d'héritage, des transactions immobilières douteuses et des occupations illégales, ce qui contribue à une instabilité persistante. L'expansion urbaine rapide, combinée à une forte croissance démographique, a entraîné une concurrence accrue pour les terres, mettant en lumière les questions de justice sociale et d'équité dans l'accès aux ressources. Cette dynamique a donné lieu à des tensions entre les éleveurs, les agriculteurs et les promoteurs immobiliers, chacun revendiquant des droits différents sur les terres contestées.

Cette introduction vise à explorer les causes profondes des litiges fonciers à Garoua, à identifier les principaux acteurs impliqués et à analyser les impacts de ces litiges sur les communautés locales. En mettant en lumière ces questions, nous espérons contribuer à une meilleure compréhension des défis fonciers de la ville et à l'élaboration de solutions plus équitables et plus durables.

Voici quelques exemples de conflits fonciers recensés à Garoua, capitale de la région septentrionale du Cameroun, et les principaux acteurs impliqués : Conflit dans le quartier de Roumde Adjia Contexte : Roumde Adjia, quartier populaire de Garoua, a connu des conflits fonciers liés à l'expansion urbaine. Des terres coutumières ont été vendues à des promoteurs immobiliers sans le consentement des familles locales, ce qui a donné lieu à des protestations et à des litiges juridiques. Acteurs impliqués : familles locales, promoteurs immobiliers, autorités municipales, autorités coutumières. Conflit dans le quartier de Poumpoumré : Contexte : Dans cette commune, un conflit foncier a éclaté entre des éleveurs nomades (principalement des Peuls) et des agriculteurs locaux. Les éleveurs revendiquent des droits de passage et de pâturage sur les terres agricoles, ce qui a donné lieu à des affrontements entre les deux groupes. Acteurs impliqués : Eleveurs peuls, agriculteurs locaux, autorités traditionnelles, autorités municipales.

Conflit dans la zone de Demsa : Contexte : Demsa, une localité à proximité de Garoua, a été le théâtre de conflits fonciers entre différentes communautés pour l'accès aux terres agricoles. Des tensions ethniques ont exacerbé les disputes, entraînant des interventions des autorités locales pour tenter de résoudre les différends. Acteurs impliqués : Communautés locales (souvent de différentes ethnies), autorités locales, autorités coutumières.

Conflit dans le district de Ouro Tchédé : Contexte : Ouro Tchédé a connu des conflits fonciers liés à la réquisition de terres pour des projets d'infrastructure. Des familles locales ont été déplacées sans compensation adéquate, ce qui a entraîné des protestations et des conflits avec les autorités municipales. Acteurs impliqués : Familles locales, promoteurs de projets d'infrastructure, autorités municipales. Conflit dans le district de Laindé : Contexte : Laindé a vu l'émergence de conflits fonciers entre des familles locales et des commerçants allochtones.

Les terres occupées depuis des générations par des familles locales ont été revendiquées par des commerçants qui prétendaient avoir acheté les parcelles légalement, ce qui a donné lieu à des conflits prolongés. Acteurs impliqués : familles locales, commerçants allochtones, autorités municipales, autorités coutumières. Conflit dans le district de Djamboutou : Contexte : Le quartier de Djamboutou, situé à la périphérie de Garoua, a été marqué par des conflits fonciers dus à la vente multiple de parcelles. Plusieurs personnes se sont retrouvées propriétaires d'une même parcelle, ce qui a donné lieu à des batailles juridiques complexes. Acteurs impliqués : Acheteurs fonciers, vendeurs peu scrupuleux, autorités judiciaires. Ces exemples montrent que les conflits fonciers à Garoua sont souvent liés à des questions d'expansion urbaine, de concurrence pour les terres agricoles et de ventes illégales de terres. Les acteurs impliqués sont les familles locales, les éleveurs, les agriculteurs, les promoteurs immobiliers, les commerçants allochtones, ainsi que les autorités traditionnelles, municipales et judiciaires.

1.10. Conflit foncier dans la ville de Maroua

La ville de Maroua, 319941 habitants, capitale de la région de l'Extrême-Nord du Cameroun, est confrontée à des conflits fonciers récurrents qui reflètent les tensions sociales, économiques et culturelles profondément ancrées dans la région. La ville, située au carrefour de plusieurs axes commerciaux et culturels, se caractérise par une forte densité de population et une urbanisation rapide, exacerbant les problèmes liés à l'accès à la terre. Les conflits fonciers à Maroua sont souvent le résultat de la superposition des droits traditionnels et modernes à la propriété foncière. Les coutumes locales, qui ont longtemps régi l'utilisation des terres, entrent fréquemment en conflit avec les lois foncières modernes et les processus d'enregistrement des terres. Cette dualité crée des ambiguïtés qui favorisent les conflits entre les familles, les communautés et même les autorités locales.

En outre, la pression démographique, accentuée par l'afflux de personnes déplacées par les conflits dans les régions voisines, augmente la demande de terres, ce qui entraîne une rivalité accrue entre les agriculteurs, les éleveurs et les nouveaux arrivants. Des pratiques administratives parfois corrompues, associées à des processus de démarcation non transparents, exacerbent ces tensions, donnant lieu à des litiges prolongés qui compromettent la stabilité sociale et le développement économique de la région. Cette introduction analyse la dynamique complexe des conflits fonciers à Maroua, en examinant les facteurs historiques, économiques et culturels qui les sous-tendent, ainsi que leur impact sur la cohésion sociale et le développement de la ville. En explorant ces questions, l'objectif est de mieux comprendre les défis associés à la gestion foncière à Maroua et de contribuer au développement de stratégies de résolution plus efficaces et plus équitables.

Voici quelques exemples de conflits fonciers recensés à Maroua, chef-lieu de la région de l'Extrême-Nord du Cameroun, et leurs principaux acteurs : Conflit dans l'arrondissement de Doualaré : Contexte : L'arrondissement de Doualaré a connu des conflits fonciers liés à la vente de terres coutumières à des promoteurs immobiliers. Les familles locales ont protesté contre ces ventes, arguant que les terres avaient été vendues sans leur consentement. Acteurs impliqués : Familles locales, promoteurs immobiliers, autorités coutumières, autorités municipales.

Conflit dans le district de Domayo : Contexte : À Domayo, un conflit foncier a éclaté entre les commerçants locaux et les autorités municipales au sujet de l'attribution d'un terrain pour la construction d'un marché. Les commerçants se sont opposés à l'expropriation de leurs terres sans compensation adéquate. Acteurs impliqués : Commerçants locaux, autorités municipales, promoteurs du projet de marché.

Conflit dans la région de Salak : Contexte : Salak, une ville proche de Maroua, a été le théâtre de conflits fonciers entre éleveurs et agriculteurs. Les éleveurs peuls revendiquent des droits de pâturage sur les terres utilisées par les agriculteurs pour la culture, ce qui entraîne de fréquents affrontements. Acteurs impliqués : Eleveurs peuls, agriculteurs locaux, autorités traditionnelles, autorités municipales.

Conflit dans le district de Pitoare : Contexte : Le district de Pitoare a vu émerger des conflits fonciers suite à la vente multiple de parcelles par des vendeurs peu scrupuleux. Plusieurs acheteurs se sont retrouvés en possession de documents prouvant la propriété des mêmes parcelles, ce qui a conduit à des conflits juridiques. Acteurs impliqués : Acheteurs fonciers, vendeurs frauduleux, autorités judiciaires.

Conflit dans le district de Zokok : Contexte : Le district de Zokok a connu des conflits fonciers entre familles locales et allochtones. Les autochtones revendiquent des droits coutumiers sur des terres occupées par des allochtones qui prétendent avoir acquis les parcelles légalement, ce qui a entraîné des tensions et des conflits. Acteurs impliqués : familles autochtones, allochtones, autorités coutumières, autorités municipales.

Conflit dans la région de Mokolo : Contexte : Mokolo, ville proche de Maroua, a été marquée par des conflits fonciers liés à l'urbanisation rapide et à la réquisition de terres pour des projets de développement. Les habitants ont contesté les expropriations, estimant que les compensations proposées étaient insuffisantes. Acteurs impliqués : Populations locales, promoteurs de projets de développement, autorités municipales.

La résurgence des conflits sanglants entre les Arabes Choas et les Mousgoums, alliés aux Kotoko, dans le département du Logone-et-Chari, dans la région de l'Extrême-Nord, a remis sur le devant de la scène la question foncière qui oppose ces communautés depuis des décennies. Depuis de nombreuses années, ces communautés se disputent sans relâche des terres à vocation agropastorale. Rien qu'en 2021, trois affrontements ont eu lieu entre ces communautés : en juin, en août et début décembre, avec à chaque fois un lourd bilan en termes de pertes humaines, de dégâts matériels et de déplacements massifs de populations - hommes, femmes et enfants - qui ont traversé les frontières pour se réfugier au Tchad voisin. Cette situation s'inscrit dans un climat social délétère, tel que décrit par l'auteur de l'ouvrage "Pour le Libéralisme communautaire" de 1978, qui déclare à la page 33 : "Le Cameroun se révèle être une terre de multiplicité et de division sociohistorique, lieu de rencontre d'une variété insoupçonnée de forces centrifuges et antagonistes, s'affrontant dans une sorte de veillée d'armes permanente où l'évidence des particularismes n'est que trop évidente.

Depuis les années 1970, les Arabes Choas et les Kotoko, soutenus par les Mousgoums, les trois principales communautés du Logone-et-Chari, se livrent à une véritable compétition hégémonique pour la conquête et le contrôle des ressources naturelles, notamment foncières. Depuis lors, ces groupes communautaires belligérants sont plongés dans une logique d'affrontement ouvert, où la volonté d'extermination mutuelle se manifeste à chaque confrontation. Les nombreux massacres qui ont émaillé l'histoire de ces peuples, tels que ceux de Dolé (1979), Mbeung (1989), Goulfei (avril 1990), Maltam (juillet 1990), Kousséri (janvier 1992, décembre 1993 et mars 1994), répertoriés par Antoine Socpa (2002), en sont des exemples tragiques. A l'origine de ces affrontements sanglants, il y a souvent un incident apparemment banal entre deux individus ou groupes de ces communautés antagonistes, qui dégénère rapidement en conflit. Mais en réalité, le problème de fond reste le même : la question foncière, en particulier la répartition des terres entre ces différentes communautés en conflit.

Les affrontements d'août dernier ont commencé par une simple dispute pour de l'eau entre un éleveur arabe Choas et un pêcheur Mousgoum, qui a dégénéré en massacre, causant plus de 45 morts et forçant plus de 25 000 personnes à fuir, dont 8 500 réfugiés au Tchad, selon Xavier Bourgois, porte-parole du Haut-Commissariat des Nations unies pour les réfugiés, interrogé par RFI le 10 décembre 2021. Les affrontements du 5 décembre ont fait plus de 22 morts et 30 000 déplacés au Tchad, selon la même source. Cela montre que "le flambeau brûle toujours" entre ces deux communautés antagonistes, malgré leur longue cohabitation. La paix sociale est gravement menacée et l'urgence d'une solution durable se fait sentir face à la croissance démographique, à l'augmentation des besoins et à la raréfaction des ressources.

Suite aux récents affrontements, le gouvernement camerounais a mis en place des "mesures d'apaisement" par le biais d'une mission interministérielle. Ces mesures comprennent la distribution de nourriture et de produits de première nécessité, ainsi que "la sensibilisation aux idéaux de paix, de cohésion sociale, de coexistence pacifique et de vivre ensemble" (Cameroon Tribune, 22 décembre 2021). Cependant, ces mesures ne seront pas durables tant que le problème fondamental ne sera pas résolu : le régime foncier. L'utilisation des terres dans l'ensemble de la région doit être réglementée, y compris par une délimitation consensuelle des zones réservées à l'agriculture, au pâturage et à d'autres usages.

Ces exemples montrent que les conflits fonciers à Maroua sont souvent liés à des questions d'expansion urbaine, de concurrence pour les terres entre différentes communautés (éleveurs et agriculteurs) et de ventes illégales de terres. Les principaux acteurs impliqués sont les familles locales, les éleveurs, les agriculteurs, les promoteurs immobiliers, les allochtones, ainsi que les autorités traditionnelles, municipales et judiciaires.

Chapitre

Terre vide et non valorisée au Cameroun

1. Espace foncier non valorisé au Cameroun

Les communes rurales du Cameroun, peu peuplées, couvrent 85% du territoire régional, mais abritent moins de 10% de ses habitants. La plupart des populations rurales des différentes régions du Cameroun vivent dans des communes situées sous l'influence des grands centres urbains, notamment celles qui sont situées le long des routes nationales. Les zones rurales naturellement riches sont moins occupées. Ces zones sont encore peu peuplées, voire démographiquement vides par endroits. Il suffit de survoler l'espace aérien camerounais pour constater que la population est peu concentrée par endroits. Les villages sont particulièrement marqués par un taux démographique très faible, moins de 1% en milieu rural, sous la faible influence des pôles qui peuvent attirer de nombreuses familles de la ville vers le village. Les emplois ruraux sont davantage agricoles ou non industriels et plus souvent liés à la culture de rente. La pauvreté est beaucoup plus élevée dans les zones rurales que dans les zones urbaines.

Rural peu valorisé

Au Cameroun, la terre revêt une importance particulière tant pour les populations rurales que pour les zones urbaines en pleine expansion. Cependant, malgré cette importance stratégique, une grande partie des terres du Cameroun reste sous-utilisée ou totalement inexploitée, ce qui crée un paradoxe entre le potentiel foncier existant et les réalités socio-économiques du pays. Par exemple, sur les 08 millions d'hectares de terres arables recensés par la FAO, seuls 1,08 million d'hectares sont mis en valeur dans l'ensemble du pays.

L'absence de valorisation des ressources foncières du Cameroun soulève de nombreuses questions sur les insuffisances des politiques publiques, la complexité du cadre juridique et les dynamiques sociales et culturelles qui entravent l'optimisation de cette ressource. Les terres, qu'elles soient agricoles, forestières ou urbaines, restent souvent inutilisées ou mal exploitées, privant le pays d'une source de croissance économique potentielle et exacerbant les inégalités socio-économiques. Dans les zones rurales, par exemple, l'absence de mécanismes efficaces pour garantir les droits fonciers et encourager les investissements freine le développement agricole et contribue à la pauvreté persistante des communautés locales. Dans les zones urbaines, l'expansion anarchique des villes et l'absence de planification rigoureuse exacerbent les problèmes de logement, de gestion des ressources et de services publics.

Cette question se pose dans un contexte où les enjeux fonciers deviennent de plus en plus pressants, notamment avec la croissance de la population urbaine, l'urbanisation rapide et les défis du changement climatique. A cela s'ajoutent les conflits fonciers récurrents qui non seulement fragilisent la cohésion sociale, mais aussi mettent en péril la stabilité et le développement durable des régions concernées.

Cet ouvrage présente les différentes dimensions du problème de la non-valorisation des terres au Cameroun. Nous avons identifié les causes profondes de cette situation, analysé ses conséquences économiques, sociales et environnementales, et proposé des solutions réalistes pour une gestion plus efficace des terres. Par une approche pluridisciplinaire, cette recherche a contribué à la réflexion sur les réformes nécessaires pour maximiser le potentiel foncier du Cameroun, en tenant compte des réalités locales et des défis mondiaux.

2. Problématique

Les ressources foncières du Cameroun, riches en potentialités économiques et environnementales, constituent une ressource stratégique pour le développement du pays. Cependant, leur gestion reste un défi majeur, marqué par une sous-utilisation et une mauvaise exploitation qui entravent leur contribution au développement national. Ce paradoxe, où un vaste territoire reste largement sous-développé, soulève de profondes interrogations sur les causes de cette situation et sur les mécanismes institutionnels, juridiques et socio-économiques en place.

La mauvaise gestion foncière au Cameroun est exacerbée par plusieurs facteurs interdépendants. Les politiques foncières, souvent inadaptées ou mal appliquées, contribuent à l'insécurité foncière et à la marginalisation de certaines communautés. Le cadre juridique complexe et parfois obsolète complique encore l'accès à la terre et limite les investissements dans l'aménagement du territoire. De plus, l'absence d'une planification territoriale rigoureuse et de stratégies claires en matière d'utilisation des terres conduit à un développement anarchique dans les zones urbaines et rurales.

Les conséquences de ce manque de développement sont multiples et préoccupantes. Sur le plan économique, le Cameroun se prive de revenus importants qui pourraient être générés par une utilisation plus efficace de ses terres. Le secteur agricole, par exemple, pourrait bénéficier d'une gestion plus structurée des terres, ce qui permettrait d'accroître la production et la sécurité alimentaire. Sur le plan social, l'absence de valorisation des terres contribue à l'aggravation des inégalités, à la persistance de la pauvreté des populations rurales et à l'exacerbation des conflits fonciers, qui fragilisent la cohésion sociale et mettent en péril la paix dans certaines régions.

Les implications environnementales de cette situation sont également importantes. La dégradation des sols, la déforestation et la perte de biodiversité sont des conséquences directes de l'absence d'utilisation appropriée des terres. Ces phénomènes exacerbent à leur tour les effets du changement climatique, rendant certaines régions encore plus vulnérables.

La question de la gestion foncière au Cameroun se situe au carrefour de plusieurs enjeux cruciaux pour le développement du pays. Elle pose la question de savoir comment transformer cette ressource sous-utilisée en un levier de croissance économique, de justice sociale et de durabilité environnementale. Ce livre fournit une analyse approfondie des causes de la non-valorisation des terres au Cameroun, évalue ses impacts multidimensionnels et propose des solutions pour une meilleure gestion et valorisation de cette ressource clé.

3. L'espace rural Camerounais: un vaste territoire mais un faible poids démographique

Dans les dix régions du Cameroun, certaines communes rurales sont peu ou très peu peuplées et, avec le vieillissement de la population, les jeunes générations migrent vers les villes. Ces communes forment l'espace rural inoccupé, tandis que l'espace urbain est constitué de communes peu peuplées dans les villes de Douala et Yaoundé, et que les citadins se concentrent dans les mêmes lieux, laissant les zones périurbaines avec une faible densité de population. Hétérogènes, les communes rurales sont confrontées à des défis qui diffèrent selon leur position géographique, et leur attractivité pour les classes aisées est principalement due à l'accaparement des terres, à la délivrance de titres fonciers et à l'absence de mise en valeur des terres.

Les zones rurales et périurbaines sont moins densément peuplées que les zones urbaines et pèsent beaucoup moins démographiquement qu'en termes de superficie. Yaoundé et Douala, par exemple, ne représentent que 15 % de la population périurbaine de la région, alors que les villes en représentent 30 %. Pourtant, ces zones rurales et périurbaines présentent un vide apparent, mais ces terres appartiennent juridiquement à l'État et économiquement aux chefferies traditionnelles (Mfewou A., 2013).

4. Région du Centre moins démographiquement que par sa superficie

Yaoundé, la capitale politique du Cameroun, est confrontée à un problème foncier complexe qui entrave son développement urbain harmonieux. Alors que la ville connaît une croissance démographique et une expansion territoriale rapides, de vastes étendues de terres restent inexploitées ou sous-exploitées. Ces terrains, bien que stratégiquement situés et potentiellement riches en ressources, sont souvent laissés à l'abandon en raison d'une série de contraintes, notamment des problèmes de gestion foncière, des conflits de propriété, des incohérences juridiques et l'absence de politiques d'aménagement urbain claires.

Les terrains non aménagés dans la région Centre représentent un défi majeur pour le développement durable. Alors que les besoins en logements, en infrastructures et en équipements urbains ne cessent de croître. Les terrains non utilisés représentent une opportunité perdue d'améliorer la qualité de vie des habitants et de soutenir la croissance économique. De plus, le manque de valorisation des terrains crée des tensions sociales et exacerbe les inégalités entre les différentes communautés.

Des mécanismes inefficaces de gestion foncière, combinés à la coexistence de systèmes fonciers formels et informels, contribuent à la persistance de ces espaces non valorisés. Ce problème soulève des questions cruciales sur l'utilisation rationnelle des terres, la planification urbaine et l'inclusion des droits fonciers traditionnels dans le cadre juridique moderne.

La région Centre est la deuxième région du pays, avec une superficie de 68 953 km² et 5 000 000 d'habitants. Elle comprend 10 départements, 70 communes et une communauté urbaine. La ville de Yaoundé, capitale du Cameroun, se caractérise par un paysage accidenté (la ville aux sept collines) et un réseau hydraulique composé du Mfoundi, principal cours d'eau, et de ses affluents. Yaoundé bénéficie d'une pluviométrie abondante (2 000 mm/an). La ville se situe à une altitude d'environ 750 mètres, couvre une superficie de 180 kilomètres carrés et compte 3,1 millions d'habitants. Les terres appartiennent aux propriétaires terriens. Ces héritiers développent des tensions entre eux. Par exemple, le département du Mbam-et-Inoubou a une superficie de 7 125 km² pour une population de 210 363 habitants et une faible densité de population de 30,7 / km². Cette région est moins importante démographiquement qu'en termes de superficie.

5. Région du Littoral moins démographiquement que par sa superficie

La région du Littoral, l'une des dix régions du Cameroun, se distingue par son importance stratégique en tant que pôle économique, grâce à la ville de Douala, principale métropole du pays. Cependant, malgré sa position centrale dans les activités économiques du Cameroun, la région présente une caractéristique démographique unique : une densité de population relativement faible par rapport à son vaste territoire.

D'une superficie d'environ 20 000 km², la région du Littoral comprend des zones urbaines densément peuplées autour de Douala, mais aussi de vastes zones rurales et forestières qui restent peu habitées. Ce contraste entre la concentration urbaine et les zones rurales peu peuplées souligne les disparités dans la distribution de la population, influencée par des facteurs économiques, géographiques et historiques.

La faible densité de population dans certaines parties de la région du Littoral s'explique par plusieurs facteurs, notamment la prédominance des zones forestières non exploitées, l'accès limité aux infrastructures de base dans les zones rurales et la centralisation des activités économiques autour de Douala, qui attire les populations vers les centres urbains et la gouvernance foncière par les chefferies traditionnelles. Cette situation pose des défis pour un développement régional équilibré, une gestion rigoureuse des terres par les autorités publiques et la fourniture de services publics.

Géographiquement, cette région couvre une superficie de 20 248 km2 exactement, soit 4,3 % du territoire national. Située à l'ouest du pays, elle est limitrophe de quatre régions du Cameroun et des golfes atlantiques de Guinée, dont le golfe du Biafra. Avec Douala comme capitale économique et principal centre d'affaires du Cameroun et de l'Afrique centrale, la ville compte près de 2,768 millions d'habitants pour une superficie de 210 km2, ce qui en fait l'une des plus grandes villes du pays. L'ensemble de la région du

Littoral compte 4,9 millions d'habitants, y compris les banlieues non aménagées. Le département du Nkam est le deuxième département de la région du Littoral, avec 6 380 km² et 41 143 habitants, soit une densité de 6 habitants/km². L'espace occupé par la forêt est moins important démographiquement qu'en termes de superficie.

6. Région de l'Ouest moins démographiquement que par sa superficie

La région de l'Ouest, l'une des plus petites mais des plus dynamiques du Cameroun, est reconnue pour son importance économique, agricole et culturelle. Cependant, malgré sa forte activité économique, cette région présente une répartition démographique inégale, avec une densité de population relativement faible par rapport à sa superficie.

Elle compte 2113367 habitants, un taux de croissance démographique de 1,4% et une densité de 123,8 habitants/km². D'une superficie de 13 872 km², la région Ouest se caractérise par un paysage de collines et de vallées fertiles, propices à l'agriculture. Cependant, malgré ces atouts naturels, certaines zones restent peu peuplées, en raison de contraintes géographiques et d'infrastructures limitées. Alors que les centres urbains tels que Bafoussam, la capitale régionale, connaissent une croissance démographique rapide, de vastes zones rurales restent peu peuplées.

Cette faible densité de population dans certaines parties de la région occidentale s'explique par plusieurs facteurs. D'une part, la topographie montagneuse rend certaines zones difficiles d'accès, ce qui limite l'implantation humaine et le développement économique. D'autre part, la centralisation des activités économiques dans des zones spécifiques entraîne une concentration de la population dans les centres urbains, délaissant les zones rurales.

Par exemple, la commune de Bangangté couvre une superficie de 800 km², avec une population de 29 584 habitants (2012) et une population de 20 000 habitants, dont 80% vivent de l'agriculture. Les autorités traditionnelles sont des auxiliaires de l'administration et jouent un rôle clé dans la gouvernance foncière. Le département du

Noun s'étend à l'est du fleuve Noun sur 7 687 km², soit plus de la moitié 55,34% de la région de l'Ouest, et compte 1,54 million d'habitants (2019).

Cette partie de la région est un territoire diversifié, où la savane occupe une place prépondérante. Bien que cette vaste zone de savane offre des potentialités pour l'agriculture et l'élevage, elle se caractérise par une faible densité de population par rapport à sa superficie. Ce contraste entre l'immensité du territoire et la rareté des populations sédentaires s'explique par un certain nombre de facteurs géographiques, socio-économiques et historiques. Les paysages de savane du Noun, avec leurs hautes herbes et leurs arbres clairsemés, couvrent de vastes territoires, mais ces zones sont souvent peu habitées. Les contraintes climatiques, notamment la longue saison sèche, rendent ces zones moins attrayantes pour une installation humaine dense. De plus, les activités économiques dominantes, telles que l'élevage extensif et l'agriculture de subsistance, nécessitent de grandes étendues de terre, mais ne génèrent pas une forte concentration de population.

Cette répartition démographique inégale dans le Noun, avec des zones de savane sous-exploitées sur le plan humain, pose des problèmes de développement local. L'accès limité aux infrastructures, aux services publics et aux opportunités économiques maintient ces zones en marge du développement plus intense observé dans d'autres régions du Cameroun.

7. Région du Grand Nord-Cameroun moins démographiquement que par sa superficie

La région de l'Extrême-Nord du Cameroun, qui comprend les régions de l'Adamaoua, du Nord et de l'Extrême-Nord, est l'une des plus vastes du pays en termes de superficie avec 163523km2 pour une population de 7627 habitants (2015). Cependant, malgré l'immensité de son territoire, cette région a une densité de population relativement faible par rapport à sa taille. Ce décalage entre la superficie et la population s'explique par des facteurs climatiques, économiques et historiques qui influencent la répartition des populations humaines dans cette partie du pays.

L'Extrême-Nord du Cameroun est caractérisé par des paysages dominés par des savanes, des plateaux et des zones semi-arides, où les conditions climatiques sont souvent difficiles, avec des périodes de sécheresse prolongées. Ces contraintes naturelles limitent la capacité de la région à supporter de grandes concentrations humaines, et les activités économiques restent principalement axées sur l'agriculture de subsistance et l'élevage extensif, nécessitant de vastes superficies mais attirant peu de population.

En outre, l'accès limité aux infrastructures, aux soins de santé et aux opportunités économiques dans certaines zones rurales accentue encore la faible densité de population. De vastes étendues de l'Extrême-Nord restent sous-développées et peu peuplées, bien qu'elles soient riches en ressources naturelles et dotées d'un potentiel agricole considérable.

Extrême-Nord Cameroun

L'Extrême-Nord du Cameroun, qui comprend les régions de l'Adamaoua, du Nord et de l'Extrême-Nord, est caractérisé par un système de gestion foncière fortement influencé par les autorités traditionnelles. Le pouvoir foncier traditionnel, incarné par les chefs de communauté, les lamibés (sultans) et les chefs de canton, joue un rôle central dans la répartition, la gestion et la résolution des conflits fonciers. Ce pouvoir, profondément ancré dans les structures sociales et culturelles de la région, coexiste souvent avec des institutions étatiques modernes, créant ainsi une dynamique complexe de gouvernance foncière. La coexistence du pouvoir foncier traditionnel et du système foncier de l'État est parfois source de conflits. Les autorités traditionnelles, qui détiennent un pouvoir historique sur la gestion des terres, voient parfois leurs prérogatives contredites par les décisions prises par les administrations de l'État, en particulier lorsqu'il s'agit de délivrer des titres fonciers. Ces conflits peuvent survenir lorsque des terres attribuées par les chefs traditionnels sont revendiquées par des acteurs économiques ou administratifs, entraînant des litiges sur les droits de propriété.

L'un des principaux défis de la gestion foncière dans l'Extrême-Nord du Cameroun est de trouver un équilibre entre le respect des pouvoirs traditionnels et l'intégration de systèmes modernes de gestion foncière. Cela nécessite des réformes qui reconnaissent les droits coutumiers tout en intégrant des mécanismes de régulation modernes pour assurer une gestion foncière transparente et équitable. Mais le territoire est vaste, peu peuplé et surtout peu développé.

8. Région du Sud-Ouest Cameroun, Moins Densément Peuplée que par sa Superficie

La région du Sud-Ouest du Cameroun, située le long de la côte atlantique et bordée à l'ouest par le Nigeria, est l'une des plus vastes du pays. Elle s'étend sur environ 25 410 km² et abrite plus de 1 553 320 habitants en 2020. Malgré cette grande superficie, la densité de population de la région est relativement faible par rapport à sa taille, avec 54 habitants/km2. Cette situation s'explique par plusieurs facteurs géographiques, historiques et socio-économiques qui influencent la répartition de la population de la région.

Le sud-ouest du Cameroun est une région riche en ressources naturelles, notamment en terres agricoles fertiles, en forêts tropicales denses et en ressources minérales. Toutefois, bon nombre de ces ressources restent sous-exploitées en raison de l'accès limité aux infrastructures, des conflits armés récents et de l'isolement de certaines zones rurales. Ces conditions ont conduit à une concentration de la population dans les grandes villes telles que Buea, Limbe et Kumba, laissant de vastes étendues de campagne peu peuplées.

De plus, les conflits sociopolitiques qui ont affecté la région ces dernières années ont accentué le phénomène de déplacement interne des populations, réduisant encore la densité dans certaines zones. L'insécurité, couplée au sous-développement des infrastructures, a ralenti l'urbanisation et l'exploitation des ressources dans de nombreuses parties de la région.

9. Région du Sud-Cameroun, Moins Densément Peuplée que par sa Superficie

La région est divisée en 4 départements, 29 communes et arrondissements, et deux communautés urbaines : Ebolowa et Kribi. La région est composée de quatre départements et compte plus de 920 715 habitants en 2020.

Couvrant une vaste superficie de plus de 47 000 km², elle est l'une des plus grandes régions du pays en termes de territoire. Bordée par l'océan Atlantique à l'ouest et par le Gabon et la Guinée équatoriale au sud, la région est dotée d'une riche biodiversité, de vastes forêts tropicales et de terres agricoles. Pourtant, malgré sa taille, elle reste l'une des régions les moins densément peuplées du Cameroun.

Meyos III-Cameroun

Plusieurs facteurs expliquent cette faible densité de population. D'une part, le couvert forestier dense rend certaines zones difficiles d'accès, ce qui limite l'implantation humaine et l'activité économique. D'autre part, l'économie de la région repose principalement sur l'exploitation des ressources naturelles, telles que le bois et les produits forestiers, ce qui ne nécessite pas une forte concentration de population. Le faible niveau d'industrialisation et le manque d'infrastructures de base, en particulier dans les zones rurales, ont également freiné l'attraction des populations vers ces vastes territoires.

En outre, la région du sud est confrontée à des défis socio-économiques, notamment en termes de développement local et d'accès aux services publics. L'enclavement de certaines communautés, l'insuffisance des infrastructures de transport et de communication, la dispersion des villages sur de vastes étendues ont contribué à maintenir cette faible densité de population, malgré les potentialités de la région.

Kribi, par exemple, est une ville côtière de la région sud du Cameroun, qui fait partie du département de l'Océan. La ville s'étend sur une superficie d'environ 130 km². Kribi est connue pour ses belles plages, son port maritime et son rôle de destination touristique majeure au Cameroun. En termes de population, Kribi est une ville en pleine expansion. Selon les dernières estimations, la population de Kribi se situe entre 70 000 et

80 000 habitants. Cette population est en constante augmentation du fait de l'essor économique de la ville, notamment lié au tourisme, à la pêche et à l'exploitation des ressources naturelles (comme le projet de port en eau profonde de Kribi). Kribi se distingue par sa diversité ethnique et culturelle, attirant des populations de diverses régions du Cameroun, ainsi que des expatriés, en raison de son dynamisme économique et de son potentiel de développement. Mais la région est peu peuplée et peu développée.

10. Région de l'Est, Moins Densément Peuplée que par sa Superficie

La région de l'Est est l'une des dix régions du Cameroun, située dans le sud-est du pays. Sa capitale est Bertoua. La majeure partie de son territoire est couverte par la forêt équatoriale. Elle est bordée par les régions du Sud, de l'Adamaoua et du Centre. La région est divisée en quatre départements d'une superficie de 109 000 km2 et compte plus de 755 100 habitants. La région est l'une des plus vastes du pays, avec 7,1 habitants au km2.

Cependant, malgré son étendue, la région se caractérise par une densité de population relativement faible. Cette disparité entre la superficie et la densité de population est le résultat d'un certain nombre de facteurs géographiques, économiques et socioculturels.

Le vaste territoire de l'Est du Cameroun est dominé par une variété de paysages, comprenant des forêts tropicales denses, des savanes et des zones montagneuses. Cette diversité naturelle, bien que riche en ressources, crée des défis en termes d'accès et de développement. Les zones forestières, en particulier, sont souvent difficiles à atteindre et à développer, ce qui contribue à la faible concentration de la population.

En outre, l'économie de la région repose principalement sur l'exploitation des ressources naturelles, telles que la sylviculture et l'exploitation minière, qui nécessitent de vastes étendues de terre mais n'entraînent pas nécessairement une forte densité de population. L'isolement relatif de certaines zones rurales, combiné au manque d'infrastructures de transport et de communication, limite également le développement urbain et l'établissement de nouvelles communautés.

La région de l'Est, bien que riche en potentiel économique et en ressources naturelles, est confrontée à des défis en termes de développement harmonieux et de gestion du territoire. Cette introduction met en lumière les raisons pour lesquelles la densité de population dans cette vaste région reste relativement faible, tout en ouvrant la voie à une analyse plus approfondie des questions d'aménagement du territoire et de développement socio-économique.

Le pouvoir foncier traditionnel coexiste avec le système foncier formel mis en place par l'État camerounais. La réglementation étatique prévoit des mécanismes d'enregistrement des droits fonciers et de délivrance des titres de propriété. Cependant, cette approche moderne entre parfois en conflit avec les pratiques coutumières, notamment lorsque les terres attribuées par les chefs traditionnels sont revendiquées par des investisseurs ou des autorités gouvernementales.

Les conflits entre les droits coutumiers et les droits formels peuvent survenir lorsque des projets de développement, tels que l'exploitation forestière ou minière, nécessitent des terres traditionnellement gérées par les communautés locales. Les autorités traditionnelles peuvent alors se trouver en désaccord avec les décisions des administrations locales ou nationales, ce qui entraîne des tensions et des litiges.

L'un des principaux défis de la gestion foncière dans l'est du Cameroun est l'harmonisation des droits coutumiers et des réglementations formelles. Il est important de trouver un équilibre entre la reconnaissance des droits traditionnels et l'application des lois foncières modernes pour assurer une gestion équitable et durable des terres. Cela implique la création de mécanismes de dialogue et de coopération entre les autorités traditionnelles, les communautés locales et les organismes gouvernementaux.

11. La Région du Nord-Ouest Cameroun, Moins Densément Peuplée que par sa Superficie

La région du Nord-Ouest du Cameroun, l'une des dix régions administratives du pays, couvre une superficie d'environ 17 300 km² et compte 1,969 million d'habitants

(2015). Malgré cette superficie relativement importante, elle se caractérise par une densité de population relativement faible. Ce paradoxe entre la taille du territoire et la concentration de la population est influencé par divers facteurs géographiques, socio-économiques et historiques (Mfewou, A., et al., 2020).

Les principaux groupes ethniques sont d'origine Tikar : Tikari, Widikum, Peuls et Moghamo. Les langues les plus parlées dans la région sont le mungaka, le limbum, le yamba, parlé par le peuple yamba également originaire de la division Donga Mantung, le bafmen, l'oku, le lamnso, le ngemba, le pidgin english, le balikumbat, le papiakum, le moghamo et le nkom.

Chefferie traditionnelle

La région du nord-ouest est marquée par une topographie variée, comprenant des montagnes, des plateaux et des vallées, ce qui rend certaines zones difficiles d'accès et inadaptées à une urbanisation dense. Les zones montagneuses, en particulier, limitent l'expansion des infrastructures et l'établissement de grandes communautés urbaines. En conséquence, la population est souvent concentrée dans quelques centres urbains tels que Bamenda, la capitale régionale, laissant de vastes étendues de campagne peu peuplées.

Des tensions peuvent également survenir lorsque les décisions des autorités traditionnelles ne sont pas reconnues ou sont contredites par les réglementations de l'État.

Ces conflits peuvent affecter la stabilité des relations communautaires et la gestion des ressources.

En outre, les défis socio-économiques jouent un rôle important dans la répartition démographique. La région du Nord-Ouest a été affectée par des conflits internes et des tensions politiques qui ont entravé le développement économique et l'amélioration des infrastructures. Ces facteurs contribuent à maintenir la population dispersée et les zones rurales sous-développées.

Conclusion

Les conflits fonciers au Cameroun, question complexe et multiforme, sont marqués par une diversité de causes et de conséquences qui affectent profondément le développement socio-économique et l'harmonie sociale du pays. La gestion foncière, essentielle pour l'agriculture, l'urbanisation et l'exploitation des ressources naturelles, est au cœur de nombreuses tensions et conflits qui reflètent les défis auxquels sont confrontés les systèmes fonciers traditionnels et modernes. Dans des causes multidimensionnelles, ces conflits fonciers au Cameroun sont le résultat de plusieurs facteurs interconnectés, dont l'expansion urbaine rapide, la pression démographique croissante, l'appropriation illicite des terres et la compétition pour les ressources naturelles. La coexistence de régimes fonciers traditionnels et modernes calqués sur le droit foncier français, avec leurs propres règles et pratiques, crée des chevauchements et des ambiguïtés qui provoquent de multiples conflits. L'absence de formalisation des droits fonciers dans certaines régions, combinée à la corruption et à la mauvaise gestion administrative, exacerbe ces conflits.

Les tensions entre les communautés locales et les investisseurs, ainsi que les antagonismes entre les autorités traditionnelles et les organes de l'État, sont des sources constantes de conflit. L'exploitation des ressources naturelles, telles que le bois, les minerais et les terres agricoles, ajoute une dimension économique aux conflits fonciers, souvent exacerbée par des pratiques de mauvaise gouvernance. L'impact de ces conflits fonciers sur le développement est important. Le repli identitaire, qui désigne le phénomène par lequel des individus ou des groupes se tournent vers leurs propres pratiques foncières, demandant à d'autres groupes de retourner dans leur région d'origine, ce qui peut créer un sentiment d'insécurité. L'incertitude concernant les droits de propriété peut entraver les investissements, limiter l'accès au crédit et aux ressources, et inhiber les projets de développement économique. Les conflits créent également des divisions au sein des communautés, entraînant des déplacements de population, des tensions sociales et parfois des violences.

Conflits intercommunautaires autour des ressources naturelles entre les Arabes Mousgoum et Choa dans la région de l'Extrême-Nord du Cameroun. Mousgoum et les Arabes Choa dans la région de l'Extrême-Nord du Cameroun. Conflits fonciers et frontaliers entre les Bali-Nyonga et les Bahouoc dans le Nord-Ouest du Cameroun. A Buéa, les Bakweri se révoltent contre la privatisation des terres. 500 000 personnes menacées d'expulsion à Douala. Cette décision a été prise lors d'une réunion de concertation à Douala en présence des autorités camerounaises, des responsables de l'Agence pour la sécurité et la navigation aérienne en Afrique (ASECNA) et des représentants d'Aéroports du Cameroun (ADC). Les conséquences environnementales ne sont pas en reste, avec des pratiques conflictuelles de gestion des terres entraînant une accélération de la déforestation, de la dégradation des sols et de la perte de biodiversité. Les migrations et l'augmentation de la population interne ont favorisé la croissance démographique dans la région du Mayo-Tsanaga en général.

Reference bibliographique

Alden Wily, L. (2011). 'The Law is to Blame': The Vulnerable Status of Common Property Rights in Sub-Saharan Africa. Development and Change, 42(3), 733-757.

Bouopda, P.-L. (2015). Les conflits fonciers au Cameroun : Enjeux et perspectives. Éditions L'Harmattan.

Egbe, S. E. (2001). Forest tenure and access to forest resources in Cameroon: An overview. Forests, Trees and Livelihoods, 11(3), 279-300.

Fonjong, L. N. (2012). Land Tenure and Women's Access to Land in Anglophone Cameroon. International Journal of Social Economics, 39(5), 424-435.

Mbarga, P. (2017). Les conflits fonciers au Cameroun: Étude des causes et des solutions. Éditions Clé.

Mfewou, A. (2013). Migrations, dynamiques agricoles et problèmes fonciers en Afrique subsaharienne: Le périmètre irrigué de Lagdo (Nord-Cameroun). *Cybergeo: European Journal of Geography.*

Mfewou, A. (2018). Ethnic groups, land tenure systems and agricultural spatial injustice in Cameroon. *Applied Research Journal of Humanitites and Social Sciences*, *1*(1), 1-9.

Mfewou, A. (2022). Regional, Decentralization and Traditional Power in Cameroon. *Journal of Education, Society and Behavioural Science*, 12-19.

Mfewou, A., & Nchoutnji, I. (2014). Migration maraîchère et enjeux fonciers à la frontière de la ville de Yaoundé (Cameroun).

Mfewou, A., Engwali, F. D., & Monkouop, Y. (2020). Sédentarisation Des Mbororo, Saturation Foncière Dans Le Nord-Ouest Et Difficile Migration vers Bangangté dans l 'Ouest-Cameroun. European Scientific Journal March 2020 edition Vol.16, No.8 ISSN: 1857 – 7881 (Print) e - ISSN 1857- 7431

Nguiffo, S., & Djeukam, R. (2008). La problématique foncière au Cameroun : Causes et conséquences des conflits fonciers. Centre pour l'Environnement et le Développement (CED).

Nyamnjoh, F. B., & Nchoji Nkwi, P. (2005). Regional balance and national integration in Cameroon: Lessons learned and the uncertain future. African Studies Center Leiden.

Tchekote, B. L. (2013). Les conflits fonciers au Cameroun: Entre loi et coutume. Editions Universitaires Européennes.

Tientcheu, S. A. (2012). Politiques foncières et développement rural au Cameroun. Presses Universitaires de Yaoundé.

Au Cameroun le vide foncier est apparent. La terre appartient politiquement à l'Etat à travers la législation foncière et économiquement aux chefs traditionnels cohéritiers fonciers. Pour amoindrir les conflits fonciers au Cameroun, il est important d'adopter une approche intégrée qui combine la reconnaissance des droits fonciers traditionnels avec des régulations modernes claires. La formalisation des droits de propriété, le renforcement des mécanismes de résolution des conflits, et l'amélioration de la transparence administrative sont des étapes essentielles pour prévenir et gérer les tensions foncières. Promouvoir un dialogue constructif entre les autorités traditionnelles, les communautés locales, et les acteurs étatiques (mairie, ministères). Le dialogue peut aider à résoudre les tensions et à créer des solutions adaptées aux réalités locales de chaque région du pays. Les politiques de gestion foncière doivent également inclure des mesures pour protéger les droits des communautés vulnérables et garantir une exploitation durable des ressources. Ce conflit foncier au Cameroun est un problème complexe qui nécessite aussi une approche multidimensionnelle et inclusive pour être efficacement adressé. En combinant les connaissances traditionnelles et les exigences modernes, il est possible de construire un système foncier plus équitable et durable, capable de répondre aux besoins des populations tout en soutenant le développement économique et la préservation des ressources naturelles. La gestion proactive des conflits fonciers et la promotion de la cohésion sociale sont essentielles pour assurer un avenir harmonieux et prospère pour le pays.

Abdoulay Mfewou, Professeur en Dynamique Comparée des Sociétés en Développement de l'Université de Paris Cité (CESSMA), HDR. Post-Doctorat en Dynamique des Populations à l'Institut de Démographique (IDUP) de la Sorbonne Paris 1, est Ingénieur Agronome et enseignant à l'Université de Dschang au Cameroun.

Umaru Hassan Buba, Enseignant-Chercheur à l'Université de Dschang-Cameroun. Laboratoire Géographie-Aménagement-Environnement - FLSH-Dschang.

www.ingramcontent.com/pod-product-compliance
Lightning Source LLC
LaVergne TN
LVHW022312200926
848481LV00004B/1311
9798892486767